Hans-Peter Kirsten-Schmidt | Frank Hilbig |
Paul Schuknecht

99 Tipps

Für Schulleiter

Hans-Peter Kirsten-Schmidt, ehem. Gymnasiallehrer für Mathematik und Physik, Schulleiter einer integrierten Gesamtschule und Lehrbeauftragter an der TU Kaiserslautern sowie an der Johannes-Gutenberg-Universität Mainz, derzeit tätig als Schulentwicklungsberater und Fortbildungsbeauftragter der Gemeinnützigen Gesellschaft Gesamtschule e.V. Landesverband Hessen.

Dr. Frank Hilbig, geprüfter Coach, Moderator und Fortbildner für Schulleiter an den Landesinstituten Berlin-Brandenburg, Hessen und Sachsen. Mehrfacher Autor, u.a. zu den Themen Change-Management in der Schule, Entwicklung von Jahrgangteams, angemessenes Durchsetzungsvermögen und Entwicklung von Schulleitungsteams.

Paul Schuknecht, Gymnasiallehrer für Mathematik, Musik und Politik, Schulleiter einer Integrierten Gesamtschule in Berlin. Lehrbeauftragter der TU Kaiserslautern, der Universität Potsdam und des Landesinstituts Berlin-Brandenburg. Vorsitzender der Vereinigung Berliner Schulleiterinnen und Schulleiter in der GEW.

Projektleitung: Dorothee Weylandt, Berlin
Redaktion: Karolin Gerhardi, Köln
Umschlaggestaltung: Jule Kienecker, Berlin
Layout/technische Umsetzung: Julia Walch, Bad Soden
Die Reihenkonzeption wurde von Cornelia Colditz und Claudia Kahlenberg im Rahmen eines studentischen Wettbewerbs im Studiengang Verlagsherstellung an der HTWK Leipzig (www.verlagsherstellung.de) unter Leitung von Julia Walch, Bad Soden, entwickelt.

www.cornelsen.de

Die Links zu externen Webseiten Dritter, die in diesem Titel angegeben sind, wurden vor Drucklegung sorgfältig auf ihre Aktualität geprüft. Der Verlag übernimmt keine Gewähr für die Aktualität und den Inhalt dieser Seiten oder solcher, die mit ihnen verlinkt sind.

1. Auflage 2014

© 2014 Cornelsen Schulverlage GmbH, Berlin

Druck: CPI – Clausen & Bosse, Leck

ISBN 978-3-589-16317-5

 Inhalt gedruckt auf säurefreiem Papier aus nachhaltiger Forstwirtschaft.

Kommunizieren und beraten

Die Schule weiterentwickeln

Entscheiden, planen und strukturieren

Sich und andere kontrollieren

Für sich selbst sorgen

DIE SCHULE VERLASSEN

Hohe Erwartungshaltungen stellen heute Eltern, Schüler, Lehrer, Schulträger, Schulaufsicht, Ministerium und die Öffentlichkeit an den Schulleiter, den wir hier gezielt als Einzelperson ansprechen wollen und der nicht zu verwechseln ist mit der Schulleitung, die wir als Team aus Schulleiter, Stellvertreter, Abteilungsleiter oder Stufenleiter verstehen.

Schon die Aufzählung der unterschiedlichen Personen/Institutionen, mit denen der Schulleiter zu tun hat, macht deutlich, dass er mit Interessen konfrontiert wird, die unterschiedlicher kaum sein können. Eltern erwarten die optimale Ausbildung und Förderung ihrer Kinder, Schulträger und Schulaufsicht legen mehr Wert auf ein gutes Funktionieren der Schule. Und schon fällt einem die Weisheit ein „Es recht zu machen jedermann, ist eine Kunst, die niemand kann". Wie kann eine einzelne Person den vielen Erwartungen begegnen? Hat man in diesem „Job" nicht zu oft das Gefühl, den einen zufriedengestellt und damit gleichzeitig den anderen verletzt, ja brüskiert zu haben? Ist es überhaupt erstrebenswert, sich eine solche Tätigkeit aufzubürden? Was könnte einen Lehrer reizen, seinen ihn erfüllenden, ja schönen Beruf aufzugeben und stattdessen einen neuen zu wählen?

In keinem Beruf in und um Schule ist es so offenkundig und unbestritten, dass die Rolle sich so dramatisch verändert hat, wie bei der des Schulleiters. Auch die Rolle der Lehrer, ihr Selbstverständnis und ihre Aufgaben ändern sich, sie entsprechen aber immer noch dem Grundverständnis zu erziehen, zu lehren und für die Schüler Bezugsperson zu sein. Ganz anders beim Schulleiter: Er wurde noch vor Kurzem eher als Primus inter Pares charakterisiert, heute ist er teilweise Dienstvorgesetzter, unstrittig „Chef" aller an der Schule Tätigen. Das gesamte Machtgefüge hat sich verschoben, auch gegenüber der Schulaufsicht, denn immer mehr Aufgaben werden beim Schulleiter konzentriert – und da gehören sie auch hin.

Neben mehr Budgetverantwortlichkeiten ist vor allem die Qualitätsentwicklung als ein eigenes Aufgabenfeld der Schule in die Zuständigkeit des Schulleiters gerückt. Spätestens damit ist zu der Aufgabe, eine Schule so zu leiten, dass sie funktioniert, die Aufgabe gekommen, die eigene Schule so zu entwickeln, dass sie immer besser, immer erfolgreicher wird.

Anerkannt und unstrittig ist inzwischen, dass „Schulleiter" ein eigener Beruf ist. Er kann nicht mehr als Anlernberuf verstanden werden, den man im Laufe der Zeit in der Praxis erlernt. Heute gibt es eine Reihe von Möglichkeiten, sich auf diesen neuen Beruf vorzubereiten. Erwähnt seien hier die bekannten Fernstudiengänge und die Führungsakademien, die in einigen Ländern aufgebaut werden. Daneben gibt es auch eine Reihe freier Anbieter mit allerdings sehr unterschiedlicher Qualität.

Was ist nun das Besondere am Beruf des Schulleiters? Er ist in dem ganzen System Schule derjenige, der den größten Einfluss auf eine konstruktive, positiv orientierte Entwicklung von Unterricht, Personal und innerschulischen Strukturen hat. Das kann er nur in enger Kooperation mit den Lehrern und anderen Mitarbeitern, in guter Zusammenarbeit mit Eltern und Schülern und indem er die neuen Wege aufzeigt, sie ermöglicht, den notwendigen Freiraum schafft und schließlich einfordert. Und wenn er gut ist, dann kann genau das entstehen: Gute Schule.

Das Wirken des Schulleiters ist zwar auf seine Schule beschränkt. Aus der Erfahrung, dass innerhalb der Schule preußisches Hierarchiedenken nicht funktioniert, müsste mit der Zeit auch die Erkenntnis gewachsen sein, dass das Schulwesen außerhalb der Einzelschule ebenfalls nicht mehr von oben nach unten per Knopfdruck verändert werden kann. Daraus resultiert als zusätzliches Aufgabenfeld für Schulleiter das der Vernetzung mit anderen Schulen.

Wir sind jedenfalls fest davon überzeugt, dass nur die Veränderung/Weiterentwicklung vieler einzelner Schulen die Chance beinhaltet, Deutschlands Schulen zu reformieren und auch international erfolgreicher zu machen.

Schulleiter können jede Unterstützung gut gebrauchen – und da setzen wir passgenau an. Das Buch basiert auf unseren Erfahrungen als Schulleiter und den vielen Fortbildungen, die wir mit Schulleitern machten, in denen auch wir viel lernten und gute reflektierende Gespräche führten. Aus Kenntnis der Nöte vieler Schulleiter haben wir die vorliegende Sammlung zusammengestellt.

Um es gleich vorab zu sagen: Unser Problem war die Begrenzung auf die Zahl 99, eingefallen ist uns viel mehr … Also mussten wir auswählen. Dabei orientierten wir uns an dem, was erfahrungsgemäß mit einem realistischen Aufwand an Ressourcen geleistet werden kann.

Herausgekommen ist eine Sammlung aus 99 handfesten Tipps für die tägliche Praxis. Es ist eher ein Nachschlagewerk für denjenigen, der in einer konkreten Situation eine Anregung, eben einen Tipp, braucht, vielleicht auch, um daraus eine eigene Lösung zu finden. Aber es kann auch dem noch Unentschlossenen einen gewissen Überblick über die Vielfältigkeit der beruflichen Anforderungen liefern sowie dem neuen Schulleiter ein Leitfaden für den Einstieg ins Amt sein.

Es gibt noch zahlreiche Themen, deren Erwähnung den hier vorgegebenen Rahmen sprengen würde. Dafür wird auf die entsprechende Fachliteratur verwiesen. Im Anhang haben wir dazu einige ausgewählte Schriften zusammengestellt.

Wir danken allen Freundinnen und Freunden für Ratschläge, Hinweise, Gegenlesen …

Frank Hilbig   Hans-Peter Kirsten-Schmidt   Paul Schuknecht

PS: Aus Gründen der besseren Lesbarkeit wird in diesem Buch durchgehend die männliche grammatische Form verwendet. Natürlich sind damit auch immer Frauen und Mädchen gemeint, also Schulleiterinnen, Lehrerinnen, Schülerinnen usw. Es sei denn, die Unterscheidung ist von Bedeutung, dann wird darauf hingewiesen.

10 Top-Tipps ... Die Lieblingstipps der Autoren!

4 Rolle annehmen

12 Interessen der Schule vertreten

27 Gespräche führen

42 Die Vision tragen

62 Führungskräfte finden

74 Sich selbst steuern

78 Lehrer zugewiesen bekommen

81 Kritik und Ablehnung aushalten

83 Zwischendurch Auszeiten nehmen

94 An die Zeit danach denken

Jedem Anfang wohnt ein Zauber inne …
Sie haben sich als Schulleiter beworben. Die Überprüfung ist gut gelaufen, es wurde entschieden: Sie werden der neue Schulleiter sein. Endlich haben Sie geschafft, was Sie sich eventuell schon jahrelang gewünscht und worauf Sie konsequent hingearbeitet haben.

Nun ist es an der Zeit, sich vom alten Arbeitsplatz zu verabschieden. Wenn Sie an Ihrer bisherigen Schule zufrieden waren, sich anerkannt gefühlt haben und mit Ihren Kollegen und Schülern in einem guten Verhältnis standen, wird Ihnen das sicher nicht ganz leichtfallen. Genießen Sie diese letzte Zeit, sodass sie Ihnen lange in guter Erinnerung bleibt. Nehmen Sie sehr bewusst Abschied (Tipp 98).

Das letzte Mal …

> **Tipp 98**
> Das letzte Mal …

- … begegnen Sie den anderen Lehrern in Ihrer Schule als „Ihresgleichen";
- … gehen Sie ganz in Gedanken durch die Schule und erinnern sich;
- … führen Sie während Ihrer Pausenaufsicht ein intensives Gespräch mit einem Schüler, niemand stört Sie dabei;
- … gehen Sie als Klassenlehrer in „Ihre Klasse" und erleben das vertraute Gefühl, das Sie mit den Schülern aufgebaut haben;
- … gehen Sie mit einer Frage ins Sekretariat, wo man aber im Moment leider keine Zeit für Sie hat und Sie bittet, es später noch einmal zu versuchen;
- … werden Sie vom Hausmeister übersehen;
- … verteilen Sie Zeugnisse, freuen sich mit Ihren Schülern über Erfolge, trösten oder sprechen Mut zu;
- … schicken Sie „Ihre Klasse" in die Ferien.

Überlegen Sie sich, wie Sie Ihre alte Rolle beenden möchten. Richten Sie sich ausschließlich danach, was Ihnen gut tut und wie Sie den alten Arbeitsplatz in Erinnerung behalten wollen. Wer weiß – vielleicht überraschen die Kollegen Sie auch mit einer kleinen Feier.

Alte Rolle beenden

Wie bei jedem Abschied, ein bisschen Wehmut gehört dazu – diese muss Ihnen aber nicht Ihre Vorfreude nehmen! Denken Sie vor allem an das Neue, Spannende, Herausfordernde, das Ihnen bevorsteht, und daran, dass Sie sich bewusst dafür entschieden haben.

2 MIT DEM VORGÄNGER SPRECHEN

❯ Tipp 97
Verbündeten gewinnen

Scheuen Sie sich nicht, sich nach der Entscheidung direkt an Ihren Vorgänger zu wenden und ihn um einen Gesprächstermin zu bitten (Tipp 97). Stimmt er dem zu, haben Sie schon einen wichtigen Verbündeten gewonnen. Nimmt er sich sogar Zeit, mit Ihnen die Amtsübernahme gemeinsam vorzubereiten, wird Ihnen das Ihren Start sehr erleichtern. Nimmt sich der bisherige Schulleiter hingegen keine Zeit für Sie, lehnt er gar ein Gespräch ab, dann ist das ein deutliches Signal: Er hat sich seine Nachfolge anders vorgestellt.

Achtung!

Möglicherweise wurde vom Schulleitungsteam ein Mitbewerber aus der Schule favorisiert und man ist nur allzu bereit, Ihnen für die Entscheidung zu Ihren Gunsten die Schuld zu geben.

Der Unmut wird immer spürbar sein. Befragen Sie die Schulaufsicht, wie die Bewerbung in der Schule angekommen ist. Sprechen Sie es dann in der Schulleitung offensiv an. Legen Sie in diesem kleinen, doch so wichtigen Gremium Ihre Beweggründe für die Bewerbung offen und bieten Sie vertrauensvolle Zusammenarbeit an. Bringen Sie von

Kollegen Vertrauen entgegenbringen

Ihrer Seite den Kollegen viel Vertrauen entgegen, würdigen Sie deren Arbeit und mischen Sie sich nicht in deren Zuständigkeiten ein.

Gehen Sie unbedingt auf den (hausinternen) Mitbewerber zu!

Jede Schule hat ihre eigene Geschichte und Sie tun gut daran, diese zu respektieren. Nicht auf Anhieb werden Sie verstehen, warum in der Vergangenheit diese oder jene Entscheidung getroffen wurde. Je schneller und besser Sie sich informieren, desto eher gelingt Ihnen der Einstieg.

Und auch wenn Sie die eine oder andere Entscheidung, die vor Ihrer Zeit getroffen wurde, nicht gutheißen, sich durchaus im Recht und auf dem aktuellen Stand der Pädagogik befinden, so ist hier Vorsicht angebracht. Nehmen Sie sich viel Zeit, sehr viel Zeit, sich in die Geschichte der Schule einzuarbeiten, und hören Sie gut zu.

Sich gründlich informieren

Achtung!

Verkneifen Sie sich alles, was nach Beurteilung der gelebten Praxis der neuen Schule aussieht, denn dies wird auch schnell als Verurteilung interpretiert.

Nutzen Sie jede Möglichkeit, sich über die Geschichte und die Besonderheiten der Schule zu informieren. Solange Sie noch nicht in der Schule sind, gehen Sie ins Internet, nutzen Sie das eine oder andere Netzwerk, in dem Sie schon jemanden kennen. Auch den zuständigen Schulrat sollten Sie unbedingt um ein aufklärendes Gespräch bitten (Tipp 21). Die Schule aus möglichst verschiedenen Perspektiven kennenzulernen kann nur vorteilhaft sein.

❯ Tipp 21

Sind Sie in der Schule angekommen, sind intensives Aktenstudium und Gespräche die wichtigsten Aufgaben. Gesamt- und Schulkonferenzprotokolle und die Lehrerakten geben manchen Aufschluss.

Jede Schule verstößt irgendwo gegen Vorschriften, ob mit Vorsatz oder aus Unkenntnis. Von Ihnen als neuem Schulleiter wird erwartet, dass Sie auch die „Altlasten" mittragen. Verschweigen Sie nicht, dass Sie Unregelmäßigkeiten erkannt haben, und zeigen Sie bald einen Weg auf, wie diese geschickt und möglichst zügig aus dem Weg geräumt wer-

Altlasten mittragen

den können. Machen Sie auch deutlich, dass Sie die Schule im Zweifelsfalle „nach oben" verteidigen werden. Suchen Sie auf keinen Fall nach Schuldigen.

SOS-Tipp

Wenden Sie sich bei eklatanten Verstößen gegen geltendes Recht an die Schulaufsicht und lassen Sie sich beraten. Fordern Sie hartnäckig Unterstützung und lassen Sie sich nicht damit abspeisen, dass Sie als Schulleiter für die Behebung zuständig seien. Das Problem ist in der Vergangenheit, vor Ihrer Zeit, entstanden und schon damals hätte die Schulaufsicht reagieren müssen. Wenn sie das nicht getan hat, sitzt sie jetzt mit Ihnen in einem Boot und hat das Problem mit Ihnen gemeinsam zu lösen.

4 ROLLE ANNEHMEN

Meist haben Sie von der Zusage bis zum Dienstbeginn als Schulleiter noch einige Tage oder sogar Wochen Zeit. Diese Zeit sollten Sie nutzen, um sich auf Ihre neue Rolle, die Rolle des Schulleiters, vorzubereiten. Viele Fragen kreisen in Ihrem Kopf:

- Was kommt da auf mich zu?
- Werde ich den Aufgaben stets gewachsen sein?
- Bin ich für Krisen gewappnet?
- Was muss ich sofort tun?
- Was darf ich auf keinen Fall tun?
- Wer unterstützt mich?
- Wer sorgt für mich?

Fragen durchdenken Diese Fragen immer wieder zu durchdenken, nach Antworten zu suchen, gefundene Antworten zu verwerfen und durch neue zu ersetzen: Das alles gehört zu Ihrer Vorbereitung. Doch das Wichtigste ist, dass Sie die Rolle des Schulleiters auch für sich annehmen. Sie werden der „Chef" sein. Wenn Sie in der Vergangenheit Ihren Schulleiter beobachteten, waren Sie vielleicht überzeugt, dass er gerade etwas falsch machte, und Sie meinten vielleicht auch zu wissen, was stattdessen richtig gewesen wäre. „Wenn er nur wollte, es ist doch ganz einfach!", haben Sie so manches Mal gedacht …

Auch Sie werden in der Rolle des Schulleiters genau beobachtet werden. Jeder Schritt, jede Geste, jede Äußerung wird wahrgenommen, bewertet, interpretiert (Tipp 28). Sie sollten sich dessen bewusst sein, ehe Sie die neue Stelle antreten. Nicht jede Interpretation wird Ihnen gefallen, Sie werden sogar manchmal völlig missverstanden werden. Und da Sie selten die Gelegenheit haben werden, Dinge richtigzustellen, sollten Sie sich darauf einstellen, auch eine ablehnende Haltung der anderen zu ertragen, besser noch ihre Wahrnehmung zu respektieren (Tipp 81). Sie wissen ja nicht, aufgrund welcher Erfahrungen diese zu einem solchen Bild gekommen sind.

Sie werden beobachtet

❭ Tipp 28

❭ Tipp 81

Gleich mal ausprobieren

Schreiben Sie Ihre Antworten zu den Fragen von oben auf und diskutieren Sie diese mit einem erfahrenen Schulleiter.

ERSTE AUFTRITTE VORBEREITEN

5

Der erste Eindruck, den eine Person macht, ist prägend. Das gilt natürlich gerade auch für Sie in Ihrer neuen Rolle als Schulleiter. Bei Ihrem ersten „Auftritt" – egal ob vor dem Kollegium, den Schülern, den Eltern oder einem Gremium – wird man von Ihnen eine kleine Vorstellung erwarten. Darauf sollten Sie vorbereitet sein.

Überlegen Sie sich also am besten vorher schon genau, mit welchen Aussagen Sie sich präsentieren möchten und was Sie bewirken wollen. Was sind Ihre wichtigsten Anliegen? Welche Werte und welches Menschenbild bestimmen Ihr Handeln? Die neue Schule hat einen berechtigten Anspruch, von Ihnen klare und eindeutige Aussagen zu fordern. Beschränken Sie sich auf drei Aussagen, hinter denen Sie auch hundertprozentig stehen; oft haben Sie nur kurz Gelegenheit, etwas zu sagen. Und je schneller allen klar wird „unser neuer Schulleiter steht für …", umso klarer wird Ihr Profil. Wichtig ist in diesem Zusammenhang auch zu beachten, dass nur ein kleiner Teil der Kommunikation über das gesprochene Wort erfolgt (Tipp 28). Neben Mimik und Gestik spielen hier auch andere Dinge wie beispielsweise die Kleidung (Tipp 22) eine bedeutende Rolle.

❯ Tipp 28

❯ Tipp 22

Gleich mal ausprobieren

Sagen Sie vor einem Spiegel die folgenden Sätze nach. Achten Sie genau darauf, wie es Ihnen dabei geht: Passt der Satz zu mir, bin ich das? Oder muss ich noch Änderungen/Ergänzungen vornehmen?

- Jeder Schüler ist uns willkommen.
- Die Verwaltungsvorschriften sind immer einzuhalten.
- Das Schulgesetz bestimmt unser Handeln.
- Kein Schüler wird zurückgelassen.
- Die Kollegen sind schon sehr belastet, weitere Belastungen werde ich genau prüfen.
- Ich schätze die fachliche Kompetenz meiner Kollegen.
- Erziehung ist in erster Linie Sache der Eltern.
- Ich stehe für klare Organisationsstrukturen.

Das Nachsprechen dieser „Mustersätze" wird Ihnen helfen, Ihre eigenen Sätze/Aussagen/Anliegen zu finden.

Bei wem muss ich mich alles vorstellen? Sicher gibt es einen Termin für das Kollegium, die Mitglieder der Schulleitung, den Schulelternbeirat. Meist werden Sie da vom Vertreter der Schulaufsicht eingeführt. Die Mitarbeiter des Sekretariats und der/die Hausmeister werden Sie sicher gleich kennenlernen. Es macht immer einen guten Eindruck, wenn Sie auf diese Personen zugehen und nicht die anderen bitten, zu Ihnen zu kommen. Und beachten Sie: Fast alle anderen sind bereits länger an der Schule als Sie. Damit stehen Sie in einer zwar inoffiziellen, aber gerade von „Alteingesessenen" gefühlten Rangordnung an letzter Stelle. Gehen Sie deshalb beim ersten Mal auch auf die Kollegen zu – damit zeigen Sie den Respekt, den die anderen auch von Ihnen erwarten dürfen. Fragen Sie nach, wie Sie sich am besten bei den Schülern bekannt machen. Vielleicht gibt es ja bereits ein passendes Ritual.

In der ersten Woche sollten Sie zudem mit wichtigen Personen im Umfeld der Schule Kontakt aufnehmen. Am besten machen Sie sich dazu eine Liste: der Schulträger, die Schulleiter der benachbarten Schulen, der/die Bürgermeister …

Kontakt aufnehmen

Achtung!

Wenn Sie von der Schule sehnlichst erwartet werden, ist es umso besser. Das ist aber leider nicht immer der Fall. Die Schule hat möglicherweise auf einen anderen Bewerber gesetzt (Tipp 2) und nun befürchtet man, Sie wollten alles Mögliche umkrempeln. Oder man unterstellt Ihnen, Sie seien als getreuer Gefolgsmann der Schulaufsicht ausgewählt und hätten diesen oder jenen Auftrag. Da gibt es die abenteuerlichsten Gerüchte, die Ihnen den Start erschweren können! Bleiben Sie ruhig, vertrauen Sie auf Ihre Stärken und haben Sie vor allem Geduld.

> Tipp 2

BEZIEHUNGEN AUFBAUEN

6

In der einschlägigen Managementliteratur wird meist davon gesprochen, dass es beim Einstieg in eine neue Führungsposition zuvorderst darum geht, Vertrauen zu gewinnen. In der Schule kommt es darauf an, gute Beziehungen zu den vielen Menschen zu entwickeln, mit denen Sie täglich zu tun haben. Nur über gute Beziehungen lässt sich dann Vertrauen aufbauen.

Vertrauen gewinnen

Sie können beim Einstieg sehr viel dafür tun, diesen Prozess zu beschleunigen. Hören Sie mehr zu, als selbst zu reden. Das ist einfach gesagt, aber schwer durchzuhalten, denn

Zuhören

natürlich will man von Ihnen wissen, wer Sie sind, welche Ansichten Sie haben, auch welche Absichten Sie verfolgen. Dem können Sie Rechnung tragen, indem Sie in Gremien diese erste Neugier befriedigen (Tipp 5).

❯ Tipp 5

Achtung!

Prüfen Sie sehr sorgfältig, was Sie sagen. Machen Sie deutlich, wie viel Privates Sie bereit sind zu veröffentlichen. Beschränken Sie sich im Zweifelsfalle auf das, was jeder herausfinden kann: „Ich bin verheiratet und habe zwei Kinder. Ich wohne (noch) in Musterstadt und werde baldmöglichst nach Schulstadt umziehen." Ob Sie mit Ihrer Familie glücklich sind oder gerade eine Krise durchleben, das geht nun wirklich niemanden etwas an.

Beruflichen Werdegang offenlegen

Bei Aussagen über den beruflichen Werdegang sollten Sie schon deutlicher werden, denn man will ja außer den Fächern wissen, wie Sie den Beruf ausgeübt haben und wie Sie mit Herausforderungen und Stress umgegangen sind. Machen Sie deutlich, dass Sie gern Lehrer sind, dass Ihnen die Schüler die wichtigsten Personen sind; ertragen Sie es, wenn sich die Lehrer an die zweite Stelle gesetzt fühlen. Das ist keine Zurücksetzung, sondern ein klares Bekenntnis, dass es in der Schule immer zuerst um die Schüler geht.

Um die Ecke gedacht

Versetzen Sie sich wieder in Ihre bisherige Rolle als Lehrer; erinnern Sie sich, was Ihre eigenen Erwartungen von einem neuen Schulleiter waren.

Gedächtnisstützen nutzen

Ist das Kollegium groß, so wissen Sie nach wenigen Gesprächen kaum noch, was der Kollege Ihnen Wichtiges mitzuteilen hatte. Überlegen Sie, wie Sie Ihr Gedächtnis stützen können. Legen Sie sich z. B. eine Kartei an, führen Sie ein kleines Notizbuch mit sich: Schnell gemachte Notizen, die außer Ihnen niemand lesen können muss, sind sicher eine gute Hilfe.

Es kann einem schon merkwürdig vorkommen, wenn man den Beruf des Schulleiters mit dem anderer Chefs/anderer Manager vergleicht. Ein Schulleiter bleibt an seiner Schule immer Lehrer (Tipp 9). Auch der Filialleiter einer Bank steht ab und zu ein Stündchen an der Kasse, am Kundenschalter. Aber fährt der Bahnmanager zwischendurch mal eben den Vorortzug, kontrolliert er auf der Rückfahrt die Fahrkarten? Wohl kaum.

❯ Tipp 9

Schulleiter haben in Deutschland eine Unterrichtsverpflichtung, sie stehen einige und manchmal auch viele Stunden vor der Klasse, sind an kleinen Schulen sogar Klassenlehrer. Darauf reagieren die einzelnen Personen recht unterschiedlich. Am schnellsten gewöhnen sich nach einer Schrecksekunde die Schüler an die ungewohnte Situation. Sie werden bald merken, dass der Unterricht auch nicht wirklich anders abläuft als bei anderen Lehrern. Beim ersten Elternabend mag eine gewisse Spannung in der Luft liegen, die aber leicht abgebaut werden kann. Befragen Sie doch erst mal die Eltern, ehe Sie sich äußern!

Unterrichtsverpflichtung des Schulleiters

Gleich mal ausprobieren

Mit Sätzen wie „Jetzt bin ich aber mal gespannt, wer zu welchem Schüler gehört!" oder „Was berichten eigentlich Ihre Kinder von meinem Unterricht?" geben Sie den Ball erst mal an die Eltern. Hier können Sie sich als guter Zuhörer erweisen, wenn Sie sich auf Blickkontakt, gelegentliches Nicken und interessiertes Nachfragen beschränken. So machen Sie deutlich, dass Sie hier in Ihrer Rolle als Lehrer sind.

Eventuell werden Sie bald schon in verschiedenste Rollenkonflikte geraten; dann ist es immer gut, diese auch zu benennen. Fragen Sie doch einfach: „Sprechen Sie mich als Schulleiter an oder wollen Sie meine pädagogische Meinung hören?" Aber täuschen Sie sich nicht – Sie bleiben immer Schulleiter, auch wenn Sie als Lehrer agieren.

8   SICH ALS VORGESETZTER VERSTEHEN

Von allen Rollen als schwerste wird von vielen die des Vorgesetzten empfunden, denn da gibt es an Ihrem bisherigen Arbeitsplatz kaum Übungsmöglichkeiten. Weisungen erteilt nun mal der „Chef", nicht sein Stellvertreter und erst recht nicht der Hausmeister. Spricht man vom Chef, kann es sein, Sie drehen sich um und fragen sich, wer denn hier gemeint sei. Bis Sie erschrocken feststellen: Das bin ja ich. Und einerseits erwartet man von Ihnen Anweisungen und Ent-

❱Tipp 55   scheidungen (Tipp 55), andererseits aber haben vor allem die Lehrer allzu klare Vorstellungen, wie Sie zu entscheiden haben.

Achtung!

Erklären Sie, weshalb Sie etwas anweisen oder entscheiden. Eine Anweisung oder Entscheidung hat eine größere Chance, akzeptiert zu werden, wenn sie verstanden wird. Nutzen Sie alle gegebenen Möglichkeiten, die Betroffenen nach deren Meinung zu fragen, ehe Sie entscheiden, und weisen Sie auf die Zusammenhänge und auch auf unbedingt einzuhaltende Bestimmungen hin.

9   SELBST UNTERRICHTEN

❱Tipp 7   Denken Sie daran: Sie sind in erster Linie Schulleiter (Tipp 7) – und nicht mehr Lehrer! Der Unterricht, den Sie vorbereiten, halten, und nachbereiten müssen, sollte nur einen möglichst geringen Anteil Ihrer gesamten Arbeitszeit beanspruchen.

Um die Ecke gedacht

Sorgen Sie dafür, dass es sich in Ihrer Schule herumspricht, dass die Aufgabe des Schulleiters ein eigener Beruf ist und nicht eine Lehrertätigkeit mit zusätzlichem Verwaltungsaufwand.

Drei Aspekte könnten Ihre unterrichtliche Tätigkeit bestimmen, damit diese nicht als eine zusätzliche Last empfunden wird, sondern als Teil des Führungshandelns.

- Die Vorbereitungszeit für den eigenen Unterricht ist kurz und effektiv. Es wird die Regel sein, dass Sie erst in letzter Minute in den Unterricht hineingehen und am Ende zügig das Büro wieder aufsuchen, um den nächsten Termin wahrzunehmen.
- Genießen Sie es – nirgends sonst stehen Sie noch in so direktem Kontakt zu den Schülern. Außerdem ist es die einzige Zeit am Tag, in der kein Telefon klingelt oder irgendjemand ganz dringend den Schulleiter sprechen muss.
- Wählen Sie Unterrichtsformen, die den Schülern große Anteile an selbständigem Arbeiten ermöglichen; Ihr Unterricht wird voraussichtlich öfter ausfallen. Führen Sie Rituale ein, die auch funktionieren, wenn Sie mal nicht da sind bzw. zwischendurch anderweitig gefordert werden.

Die Vorbereitungszeit für den eigenen Unterricht liegt vermutlich eher in den Ferien. Im Alltag sind Sie selten in der Lage, noch Arbeitsmaterialien zu entwickeln.

Eigenen Unterricht vorbereiten

Öffnen Sie Ihren Unterricht für alle Kollegen – am besten auch ohne Ankündigung. Unabhängig davon, ob wirklich jemand zuschauen kommt: Über Ihren Unterricht wird geredet. Und es wird mit Neugier, manchmal auch mit Argwohn betrachtet, ob Sie Ihren eigenen Ansprüchen an guten Unterricht genügen. Insbesondere die formalen Aspekte müssen Sie im Griff haben: Pünktlichkeit, Führen des Klassenbuches, Einhalten von Terminen, Teambeschlüssen und Rahmenlehrplänen. Man erwartet gerade von Ihnen passable Ergebnisse, ein gutes Klassenklima sowie konstruktive und wirksame Konfliktlösungsstrategien.

Guten Unterricht erteilen

Wählen Sie Klassen/Kurse aus, an denen Sie etwas Besonderes zeigen können:

Etwas Besonderes zeigen

- Unterricht in einer schwierigen Klasse (Lerngruppe) kann bedeuten: Ich stehe an eurer Seite, ich scheue mich nicht vor Herausforderungen; aber auch: Ich zeige, dass hier sinnvolle Unterrichtsgestaltung möglich ist.

- Unterricht in einem neu geschaffenen Format (z. B. ein projektorientierter Wahlpflichtkurs) kann bedeuten: Ich probiere selber aus, ob das, was wir gemeinsam beschlossen haben, auch wirklich geht. Ich helfe mit, die Schwierigkeiten des Anfangs zu überwinden.
- Unterricht in einem fachlich besonders anspruchsvollen Niveau (z. B. in einem Leistungskurs) kann bedeuten: Ich kann die hohen fachlichen Ansprüche meiner Schule auch selbst einlösen.

SOS-Tipp

Wenn es nicht möglich ist, alle diese Anforderungen selber einzulösen, so sollte im Schulleitungsteam vereinbart werden, dass dieses demonstrative Unterrichtshandeln aufgeteilt wird.

AN KONFERENZEN TEILNEHMEN

10

❯ Tipp 4
Ihr Wort hat mehr Gewicht

Außer den Konferenzen, die Sie selbst leiten, gibt es Fachkonferenzen oder andere Teilkonferenzen. Hier sind Sie in Ihrer Rolle als Lehrer zur Teilnahme verpflichtet. So sehen Sie das – aber sehen die Kollegen das ebenso? Da sollten Sie sich keinen Illusionen hingeben, Sie bleiben Schulleiter (Tipp 4). Besser, Sie stellen sich darauf ein, auch hier eine besondere Rolle zu spielen. Ihr Wort hat mehr Gewicht oder fordert den einen oder anderen Kollegen geradezu zum Widerspruch heraus. Und so manches Mal wird es auch von den Lehrern begrüßt, wenn Sie nur einen Teil der Konferenz dabei sind und den Rest können die Kollegen unter sich sein – dann können auch mal Probleme besprochen werden, die in Ihrer Gegenwart so nicht auf den Tisch kämen.

Bei Teilkonferenzen anderer Fächer kann genau der gegenteilige Effekt eintreten. Da Sie dort nicht stimmberechtigt sind, kommen Sie eindeutig als Schulleiter daher. Die Konferenz fühlt sich durch Ihre Teilnahme wertgeschätzt, es ist endlich mal Gelegenheit, spezifische Probleme des Faches mit dem Chef persönlich zu besprechen (Tipp 29, 32). Sie sollten sich also angewöhnen, in einem regelmäßigen Turnus zu erscheinen; so können alle Teilkonferenzen in einem verlässlichen Abstand mit Ihnen rechnen.

❯ Tipp 29, 32

Lesen Sie vorher die Protokolle, überlegen Sie, was Sie an der Facharbeit schätzen, und sagen Sie das einleitend deutlich. Warten Sie damit auf keinen Fall, bis die Probleme erörtert werden, dann ist es ein Nachschieben. In jeder Teilkonferenz möchten die Anwesenden gerne von Ihnen hören, dass der von ihnen behandelte Bereich in der Schule eine wichtige Rolle spielt. Sie sollten aber sehr klar in Ihrer Aussage sein, dass es für Sie nicht Wichtige und Wichtigere gibt, sondern dass in Ihren Augen jeder Teilbereich einen unverzichtbaren Beitrag zum Ganzen leistet. Diese Haltung müssen Sie sich vielleicht erarbeiten, sie gehört aber zum guten Schulleiter.

Um die Ecke gedacht

Wie in vielen Situationen ist es gut, wenn Sie sich die Zeit nehmen, sich in die Rolle der Konferenzteilnehmer zu versetzen. Was erwarten diese von Ihnen? Im günstigsten Fall haben Sie etwas mitzubringen, z. B. eine Spende des Fördervereins bzw. eines Sponsors oder die Genehmigung eines Umbaus. Wenn es innerhalb des Bereiches etwas zu klären gibt: Können Sie helfen, zwischen unterschiedlichen Positionen zu vermitteln? Vorschlag: Sagen Sie das, was Sie sagen wollen, aber sagen Sie es: Wertschätzung erreichen Sie dadurch, dass Sie die Kollegen ernst nehmen: „Mir ist wichtig, dass Sie wissen ..." (Tipp 53).

❯ Tipp 53

Beachten Sie auch: Es ist ein feiner Unterschied, ob Sie zur „starken" Fachschaft Mathematik oder Englisch gehen oder zu den eher „schwachen" Fachschaften Religion, Musik, Arbeitslehre oder Kunst. Während ersteren manchmal klar gemacht werden muss, dass sie nicht allein den Kurs der Schule dominieren dürfen, brauchen letztere eher Zuspruch und Aufmunterung. Jeder trägt seinen wichtigen Teil zum Gelingen bei!

11

›Tipp 4

„Was ich darf, dürfen andere noch lange nicht" – diese Haltung gehört in die Antike. Machen Sie dennoch auch den Unterschied zwischen Ihrer Rolle und z. B. der einer Lehrkraft deutlich (Tipp 4). Sind Sie morgens der Erste und abends der Letzte? Das muss nicht sein, aber in Bezug auf Fleiß, Präsenz und Pünktlichkeit wird man Sie wahrnehmen – vor allem, wenn Sie dies von anderen fordern.

Um die Ecke gedacht

Ob Sie ein Vorbild sind, entscheiden andere – Sie können es nur anstreben.

Sich spiegeln lassen

Lassen Sie sich von einigen Personen, denen Sie vertrauen (und die unverdächtig sind, sich bei Ihnen Vorteile verschaffen zu wollen), hin und wieder spiegeln, wie Sie wahrgenommen werden. Es gibt vermutlich in jedem Kollegium Menschen mit seismografischen Fähigkeiten. An deren Reaktionen, auch kleinen Gesten wie das Heben der Augenbrauen, können Sie Ihre Wirkung ablesen. Wenn die Alarm schlagen, müssen Sie reagieren. Seien Sie auf der anderen Seite bereit, unerbetene Ratschläge zurückzuweisen. Sie bleiben auch dann der Schulleiter, wenn Sie sich mal nicht vorbildlich verhalten haben. Zeigen Sie Größe, indem Sie sich für Fehler entschuldigen, aber wehren Sie sich ebenso vehement gegen öffentliche Attacken.

Auch Sie dürfen Fehler machen

Gleich mal ausprobieren

Machen Sie eine Checkliste über die Eigenschaften/Verhaltensweisen, die Ihnen bei Ihren Kollegen, den anderen Führungskräften und auch Ihren Vorgesetzten besonders wichtig sind (z. B. Pünktlichkeit, Konfliktfähigkeit, angemessene Kleidung, Freundlichkeit ...); machen Sie keine Unterscheidung zwischen Wichtigem und Unwichtigem. Sie wissen nie genau, in welchen Bereichen Sie besonders aufmerksam wahrgenommen werden. Prüfen Sie, inwieweit Sie den eigenen Ansprüchen selbst gerecht werden.

12

Sie als Schulleiter vertreten offiziell die Interessen der Schule nach außen. Mal unabhängig davon, dass alle Mitglieder der Schulgemeinde ständig dazu beitragen, das Bild der Schule zu prägen: Sie sind derjenige, der dazu „auf die Bühne (Tipp 16) geht". Und was Sie da von sich geben, wird auch in der Schule genau beobachtet und nicht selten kommentiert. Gleichzeitig sind Sie gehalten, sich mit Ihren Mitarbeitern abzustimmen, auch deren Interessen zu berücksichtigen und diese zu vertreten. Und woher wissen Sie, was die Interessen der Schule, der Schulgemeinde sind? Das sollten Sie ständig erfragen:

Bild der Schule

❯ Tipp 16

Interessen der Schule erfragen

- Braucht die Schule jetzt eine Phase der Ruhe, der Besinnung auf die eigentlichen Aufgaben?
- Sinken die Schülerzahlen und ist der Ruf der Schule zu verbessern?
- Fehlt es an allen Ecken und Kanten an elementaren Mitteln und sind dringend Unterstützer/Sponsoren zu finden?
- Werden über die Schule zweifelhafte Gerüchte verbreitet?

Sie sehen an dieser Aufzählung, dass Sie nicht einen beliebigen Katalog vertreten können; solche Gemischtwarenläden verwirren und kommen überall dort, wo Sie die Schule repräsentieren wollen, nicht gut an. Deshalb ist es nach der internen Klärung notwendig, sich eine Prioritätenliste zu erarbeiten. Wichtig ist zudem, sehr deutlich nach Adressaten zu unterscheiden. In der Zusammenarbeit mit Betrieben, die Schüler übernehmen sollen und die von der Schule spezifische Leistungen erwarten, ist ein anderes Vorgehen angebracht als gegenüber Wirtschaftsunternehmen, die Sie vor allem als Sponsoren gewinnen wollen.

Prioritätenliste erarbeiten

Nach Adressaten unterscheiden

Achtung!

Jede nach außen vertretene Haltung hat gleichzeitig eine Innenwirkung. Beschränkt hat das auch umgekehrt seine Bedeutung.

Wo auch immer Sie sich im erweiterten Umfeld der Schule bewegen, Sie werden stets als Repräsentant der Schule gesehen und wahrgenommen. Sich dem zu entziehen mag in einer Großstadt noch relativ einfach sein: Da genügt es meist, in den Nachbarbezirk zu gehen, um unerkannt und somit unbeobachtet zu bleiben. Ganz anders ist die Situation auf dem Lande; auch im Nachbardorf kennt Sie ein jeder.

Sie werden wahrgenommen

HOMEPAGE GESTALTEN

13

Heutzutage haben so gut wie alle Schulen in Deutschland eine Homepage. Der Internetauftritt stellt also inzwischen den wohl wichtigsten Erstkontakt zwischen einer Schule und der Öffentlichkeit dar. Entsprechend großen Wert sollten Sie daher auf das Vorhandensein sowie eine angemessene Gestaltung und konsequente Pflege einer Homepage legen.

Erstkontakt zur Öffentlichkeit

Achtung!

Suchen Sie sich professionelle Hilfe für die Gestaltung und Pflege Ihrer Homepage und lassen Sie versierte Kollegen erst mitwirken, wenn die Grundprinzipien geklärt sind.

Schauen Sie sich Homepages vergleichbarer Schulen an und sprechen Sie mit kritischen Freunden darüber, welche Informationen aus Sicht des interessierten Betrachters wichtig sind. Gab es von Ihrer Schule bisher noch keinen Internetauftritt und Sie planen, einen solchen erstmalig einzurichten, sollten Sie sich auch darüber informieren, wie aufwendig die Pflege einer Homepage ist und wie die Rechte zum Einstellen von Informationen verteilt werden können.

SOS-Tipp

Wenn Sie der Eltern- und Schülervertretung Rechte zur Veröffentlichung gewähren, so sind die Inhalte noch kontrollierbar. Anders verhält es sich dagegen, wenn Sie Ihre

Strukturieren Sie das Bild Ihrer Schule vor. Klären Sie, welche Teile einheitlich dargestellt werden müssen und der reinen Sachinformation dienen und welche Teile eher werbenden Charakter haben. Legen Sie Termine fest, zu denen die Fachbereiche oder andere Untergliederungen Ihrer Schule Ihre Darstellungen vorlegen müssen, bevor sie auf der Homepage erscheinen. Die Entscheidung, was veröffentlicht wird, liegt in Ihrer Verantwortung (Tipp 8).

Homepage strukturieren

❯ Tipp 8

Sorgen Sie dafür, dass Ihr Sekretariat die Aktualität der Termine auf der Homepage regelmäßig prüft.

Die stärkste Wirkung geht von der Startseite aus. Die Artikel müssen kurz, bebildert und vor allem aktuell sein. Dazu muss es Spielregeln geben, wer wann was einstellt.

Wirkung der Startseite

Achtung!

Vermeiden Sie die zwei größten Peinlichkeiten auf Homepages:
- Dauerbaustellen
- Weihnachtswünsche, die noch an Ostern zu sehen sind

MIT GUTEN KONZEPTEN ÜBERZEUGEN

14

Jede Schule hat einen „Ruf". So wird auch Ihre Schule aus Tradition einen Ruf haben, und den gibt es schon viel länger, als Sie hier Schulleiter sind. Ist der Ruf positiv, ist die Schule eine anerkannte Einrichtung in ihrem Umfeld, so gilt es, diesen guten Ruf zu wahren und nicht zu verspielen. Beto-

Ruf der Schule

nen Sie bei jeder Gelegenheit, wie stolz Sie darauf sind, diese Schule leiten zu dürfen.

Ist der Ruf negativ, ob zu Recht oder zu Unrecht, hilft nur ein überzeugendes pädagogisches Konzept, das von der Schulgemeinde gemeinsam erarbeitet und getragen, im täglichen Miteinander gelebt und durchgesetzt wird. Die Schulpreis- und anderen Exzellenzschulen haben bewiesen, dass gerade aus Krisen völlig neue Konzepte entstehen können, die Anerkennung finden.

Kriterien für gute Schule Was macht nun solche guten Konzepte aus? Da sollten zumindest die folgenden Kriterien erfüllt sein, die hier nur skizziert werden können (s. a. Referenzrahmen Ihres Landes):

- Die Entwicklung eines eigenen, vielleicht sogar ungewöhnlichen Konzeptes wurde gemeinsam erarbeitet.
- Das Wohl jedes einzelnen Schülers steht im Zentrum der Bemühung.
- Der Ehrgeiz der Lehrer besteht darin, jedem Schüler zum Erfolg zu verhelfen.
- Der Erfolg wird für jeden Schüler individuell definiert.
- Es wird das Lernen, nicht der Unterricht betont.

Niemand behauptet, dass ein solcher Weg einfach, ohne Widerstände und Hindernisse sei. Deshalb erfordert es gerade vom Schulleiter einen langen, geduldigen Atem.
Nimmt sich die Schule konkrete Einzelschritte vor, so wird sich der Erfolg einstellen.

Gleich mal ausprobieren

Stellen Sie sich selbst Fragen und prüfen Sie Ihre tägliche Praxis als Schulleiter:

- Gelingt es mir, mich auf die Problemstellungen zu konzentrieren, für die ich auch wirklich zuständig bin?
- ›Tipp 37, 50 Sind meine Ziele, die Ziele der Schule, SMART (Tipp 37, 50) formuliert?
- Sind die Erwartungen, die ich an mich und meine Kollegen stelle, relevant und ausführbar?
- Blicke ich wirklich nach vorn in die Zukunft?
- Verbreite ich als Führungskraft genug Zuversicht?

Lesen Sie die Erfolgsgeschichten der Schulen, die heute in aller Munde sind. Auch sie sind durch das Tal der Tränen gegangen. Also, selbst wenn Ihnen der Weg zum Erfolg noch lang und beschwerlich erscheint: Kopf hoch!

PRESSE BEDIENEN

15

Täglich werden in der Bundesrepublik unter großem Zeitdruck ca. 24 Millionen Tageszeitungen hergestellt und Millionen von Internetnutzern informieren sich auf Newsseiten der Presseagenturen, Verlage und Newsprovidern. Nachrichten sollen aktuell sein und dem Leser gefallen, schließlich wollen sie ja auch verkauft werden.

Der Schulleiter hat das Recht und die Pflicht, Presseerklärungen abzugeben, um damit den Ruf der Schule zu festigen und möglichst zu verbessern. Doch Vorsicht: Nicht alles, was Sie als interessant empfinden, eignet sich zur Veröffentlichung in einer Tageszeitung. Wenn Sie das Glück haben, eine regionale Zeitung zu haben, die viele Vereinsnachrichten bringt, dann kann auch mal der soundsovielte Bericht über eine erfolgreiche Projektwoche eine Chance haben. Von den großen überregionalen Blättern werden Sie allenfalls mal gefragt, wie Sie denn mit der neuesten Verlautbarung aus dem Kultusministerium umgehen.

Presseerklärungen abgeben

Um die Ecke gedacht

Der Journalist wird überhäuft mit Informationen, Hinweisen, Wünschen, sogar Forderungen, die er in dem Umfang gar nicht zu bearbeiten in der Lage ist. Deshalb gilt der Erfahrungswert: 90 Prozent landet im Papierkorb.

Machen Sie es dem Journalisten leicht, indem Sie Ihre Informationen gut aufbereiten: Das Wer, Was, Wo, Wie und Warum müssen klar erkennbar sein. Am wichtigsten ist aber Aktualität. Wenn der Inhalt Ihres Berichtes wirklich viele

Informationen gut aufbereiten

Menschen betrifft, bedeutet das viele potenzielle Leser, und dann wird der Text auch eher gedruckt.

Ehe Sie regelmäßige Pressemitteilungen herausgeben, sollten Sie die Zeitungen der Region genau studieren, um deren Eigenheiten und Berichtsschwerpunkte zu erfassen. Nehmen Sie dann mit der Redaktion persönlich Kontakt auf und stellen Sie sich vor. Fragen Sie nach einem Ansprechpartner, das erleichtert die Zusammenarbeit für beide Seiten. Und verfahren Sie mit allen Zeitungen am Ort in gleicher Weise, denken Sie auch an die kleinen kostenlosen Zeitungen, die neben der vielen Reklame meist noch einen redaktionellen Teil haben.

Einladenden Einstieg finden

Die Presseerklärung sollte idealerweise kurz sein, die Überschrift und der erste Satz sollten zum Weiterlesen einladen. Hier geht es nicht um einen Besinnungsaufsatz mit Einleitung, Hauptteil und Abschluss. Das Wichtige muss vorn stehen, da ggf. von hinten weggekürzt wird. Und hängen Sie jeder Erklärung etwa eine DIN-A4-Seite mit den Grundinformationen zu Ihrer Schule an. Dieser Anhang kann zeitlos sein und muss nur gelegentlich aktualisiert werden. Er erspart aber dem Journalisten den Gang ins Archiv, falls er eine Information zur Schule für notwendig hält.

Anhang mit Grundinformationen zur Schule

SOS-Tipp

Seien Sie nie enttäuscht oder gar beleidigt, wenn eine aus Ihrer Sicht gelungene Presseerklärung nicht erscheint oder massiv gekürzt wird. Das ist schließlich nicht persönlich gemeint. Und wenn etwas Falsches über Sie oder Ihre Schule geschrieben wird: Nehmen Sie es locker, wenn es unwesentliche Details betrifft. Es geht Ihnen besser, wenn Sie sich nicht ärgern! Und wenn es sich um wirklich grobe Patzer handelt, sollten Sie dennoch zurückhaltend sein mit Richtigstellungen – diese führen nicht immer zum gewünschten Ergebnis.

Der Schulleiter repräsentiert die Schule nach innen und au-ßen. Dazu muss er sichtbar und wahrnehmbar (Tipp 32) sein!

❭ Tipp 32

Offizielle Repräsentationsorte sind vielfältig: Innerhalb der Schule sind es beispielsweise die Aula, der Schulhof, das Lehrerzimmer oder das Amtszimmer, außerhalb der Schule etwa das Schulamt, andere Schulen, Betriebe oder Fortbildungsstätten. Genauso vielfältig sind die Anlässe: Begrüßung neuer Kollegen, Tag der offenen Tür, Konferenzen usw.

Repräsentations-orte

Als Schulleitung sollten Sie aber nicht nur an diesen Orten und zu besonderen Anlässen, sondern auch im Alltag sichtbar sein. Sie können quasi alles zur Bühne, zu Ihrer Bühne machen.

Im Alltag sichtbar sein

Zum Schulleitersein gehört, dass Sie einen gewissen Drang zur Bühne haben, gerne in der ersten Reihe stehen und sich zeigen – und zwar nicht nur, wenn Sie eine innere Begründung/Erlaubnis dafür haben.

Achtung!

Aus dem Hintergrund eine Schule zu führen ist ungleich schwieriger, da Sie dann nicht wahrgenommen werden (Tipp 58). Zeigen Sie sich, melden Sie sich zu Wort! Reden Sie nicht darüber, dass Sie repräsentieren, sondern tun Sie es!

❭ Tipp 58

Gleich mal ausprobieren

Prüfen Sie einmal, zu welchen Anlässen und an welchen Orten Sie in den letzten drei Monaten „auf der Bühne gestanden" haben. Und wenn das nicht täglich der Fall war, dann überlegen Sie, woran das liegt. Ist Ihnen das unangenehm? („Ich stehe nicht so gern vorn, denn dann ..."). Arbeiten Sie daran, dieses Unbehagen abzubauen. Sie werden bald merken: Es ist gar nicht so schlimm. Denn für die anderen ist es das Normalste der Welt, dass sich der Schulleiter vorn hinstellt und sagt, was er will.

Achtung!

Ob Ihr Auftritt auf der Bühne gut oder schlecht ist, entscheiden die anderen! Holen Sie sich nach Ihren Auftritten immer wieder Rückmeldungen. Was ist rübergekommen? Wie habe ich gewirkt? Nehmen Sie die Anregungen Ihrer kritischen Freunde ernst.

Selbst wenn Sie keine Scheu vor der Bühne haben: Es wird auch Situationen geben, in denen Sie Ihre Repräsentationspflichten nicht selbst wahrnehmen können. Wählen Sie aus! Welches sind die für Ihre Schule wichtigen Orte und Anlässe, wo Sie möglichst viel bewirken können? Teilen Sie sich die Termine innerhalb der Schulleitung auf, binden Sie auch Kollegen ein (Tipp 67, 68). Kümmern Sie sich nicht nur für sich selbst, sondern auch für die betreffenden Kollegen um entsprechende Schulungen zum Thema Präsentation.

Wichtige Orte und Anlässe

❯Tipp 67, 68

17 REDEN VORBEREITEN

Dass Sie Ihre Reden gut vorbereiten, strukturieren, mit etwas Ungewöhnlichem würzen, so kurz wie möglich halten sollten usw. – diese Empfehlungen finden Sie in jedem besseren Rhetorik-Buch.

Deshalb wollen wir uns hier auf Aspekte in Bezug auf die Vorbereitung einer Rede beschränken, die ebenfalls von Bedeutung sind und gerne unter den Tisch fallen gelassen werden: Aspekte der inneren Vorbereitung.

Innere Vorbereitung

Als Erstes sollten Sie sich klarmachen, was Sie erreichen oder bewirken wollen. Wollen Sie informieren, werben, überzeugen oder nur Ihren Standpunkt darlegen?

Ein zweiter Aspekt ist die Klarheit über die eigene Rolle, aus der heraus Sie auftreten: Als Führender (Tipp 60) zeichnen Sie Ziele und Visionen, geben die Richtung vor. Als Vorgesetzter liefern Sie Leitplanken, machen Sie Grenzen deutlich, definieren Sie die Spielräume, zeigen Sie Wege auf. Als

❯Tipp 60

Repräsentant verkörpern Sie Ihre Schule und Ihre Begeisterung dafür (Tipp 16).

❯Tipp 16

Mit diesen beiden Aspekten definieren Sie Ihre innere Haltung, aus der heraus Sie die Rede vorbereiten und später halten. Und erst danach legen Sie fest, wie die Struktur sein soll, was Sie sagen und wie Sie es formulieren wollen.

Achtung!

Achten Sie beim Formulieren und beim Halten der Rede nicht so sehr darauf, was Ihnen gefällt – das ist nachrangig! Wichtig ist, dass Sie bei den Zuhörern die Wirkung erzielen, die Sie erzielen wollen.

GÄSTE EMPFANGEN

18

Gäste zu empfangen bietet Lerngelegenheiten! Nutzen Sie den Kontakt mit Menschen, die nicht Ihrer Schule angehören, um Rückmeldungen dazu zu erhalten, wie die Schule nach außen wirkt.

Alle Gäste sollten möglichst von Ihnen oder einem anderen Mitglied der Schulleitung persönlich begrüßt werden. Auch ein kurzer Smalltalk wird von Ihren Gästen als Wertschätzung empfunden und mit Rückmeldungen belohnt. Die Ehrlichkeit der Gäste muss man sich erwerben. Dazu ist es erforderlich, Einblicke in die Schule zu geben, Freiheit bei der Aufnahme von Kontakten zu ermöglichen und zur kritischen Stellungnahme zu ermuntern. Bitten Sie um ehrliche Antworten auf scheinbar banale Fragen wie „Was haben Sie als Erstes gedacht, als Sie das Schulgebäude betraten?" oder „Woran erkennen Sie, wofür diese Schule steht?".

Gäste persönlich begrüßen

Gäste befragen

Achtung!

Der Empfang von Delegationen aus anderen Schulen, evtl. auch aus anderen Ländern, bietet für Ihre Schule eine besondere Chance. Der fremde Blick ermöglicht Ihnen, sowohl Stärken als auch Schwächen zu erkennen.

Es empfiehlt sich, ein kleines Geschenkset für die Gäste bereitzuhalten. Es sollte aus Informationsmaterial über die Schule (Flyer), aber auch anderen Produkten bestehen. Besonders reizvoll ist es natürlich, keine kommerziell gefertigten, sondern von Schülern hergestellte Kleinigkeiten wie Postkarten, bedruckte Tragetaschen o. Ä. zu verschenken.

BRIEFE VERFASSEN

19

Jeden Tag verlassen viele Briefe die Schule:

- Lehrer schreiben an einzelne Eltern, leider meist wegen negativem Verhalten der Kinder.
- Klassenlehrer geben ein Rundschreiben zur nächsten Klassenfahrt heraus.
- Der Fachbereich Musik lädt zu einem Konzert ein.
- Der Schulleiter beantragt eine Baumaßnahme, gibt ein regelmäßiges Infoblatt heraus, beantwortet eine Anfrage der Schulaufsicht.

Briefe sind
Dienstpost

Alle Briefe sind Dienstpost. Formal hätte sie der Schulleiter zu unterschreiben bzw. Lehrer hätten zu schreiben „Im Auftrage". So formal geht es glücklicherweise in der Schule nicht zu. Dennoch, als Schulleiter vertreten Sie die Schule nach außen (Tipp 12). Sie werden angesprochen, wenn ein Schreiben unangemessen ist. Deshalb ist es legitim, wenn Sie bzw. andere Mitglieder der Schulleitung routinemäßig die ausgehende Post prüfen.

> Tipp 12

Dieses Verfahren funktioniert natürlich nur, wenn das Kollegium es nicht als Überwachungsmanöver missversteht. „Wie kommt der Schulleiter dazu, meine Briefe zu kontrollieren, sie mir gar zur Korrektur zurückzugeben?", tönt es sonst empört aus dem Lehrerzimmer. Machen Sie also deutlich, worum es Ihnen hier geht: nämlich darum, den Lehrern zur Seite zu stehen, um vermeidbaren Schaden – und zwar nicht nur für den betroffenen Briefschreiber, sondern auch für die Schule – abzuwenden.

Um die Ecke gedacht

Hat sich ein Kollege beispielsweise über einen Schüler ge-
ärgert und schreibt spontan an die Eltern, so kann durchaus mal eine Formulierung missglücken. Welche Wirkung
der Brief dann hat, kann am besten ein Dritter beurteilen,
der selbst nicht in den Fall involviert ist.

Gleich mal ausprobieren

Das muss alles handhabbar bleiben, d. h., es muss gut organisiert sein. Richten Sie für alle ausgehenden Postsendungen
eine eigene Postmappe ein, in die Lehrer ihre Briefe mit der
Kopie für die Schülerakte/das Archiv einlegen. Jedes Mitglied
der Schulleitung überfliegt, wenn es vorbeikommt, die Briefe
und zeichnet die Kopie ab. Erst danach verschickt das Sekretariat, falls nicht im Einzelfalle eine Korrektur abgesprochen
werden muss.

Lassen Sie unbedingt auch Ihre eigenen Briefentwürfe von
einem Mitglied der Schulleitung gegenlesen. Wenn das gut
eingespielt ist, können Sie spontan diktieren, im Sekretariat
wird der Brief abgeschrieben, der Gegenleser verbessert in-
haltlich und prüft die Rechtschreibung. Falls keine Erörterung notwendig erscheint, sehen Sie den fertigen Brief erst
zum Unterschreiben wieder.

*Eigene Briefe
gegenlesen lassen*

SCHULTRÄGER FÜR SICH GEWINNEN

20

Dem Schulträger ist sehr daran gelegen, dass die Schulen in
seinem Bezirk gute Schulen sind, auf die man stolz sein
kann. So etwas zahlt sich spätestens bei der nächsten Wahl
aus. Denken Sie nur an die vielen Gemeindevertreter, denen
die offizielle Linie ihrer Partei egal ist, wenn es darum geht,
den Schulstandort zu erhalten oder aufzuwerten.
Der Schulträger ist ein wichtiger Partner für Sie. Er ist zuständig für die materielle Ausstattung der Schulen.

*Schulträger ist
wichtiger Partner*

Nun könnte man zu der Ansicht kommen, bei so harmonischer Interessenlage müsse die Zusammenarbeit zwischen Ihnen und dem Schulträger doch recht einfach sein. Aber ganz so einfach ist es dann doch nicht.

Versetzen Sie sich in die Lage eines Gemeindevertreters: Auch er hat unterschiedliche Interessen abzuwägen und kann beim besten Willen nur über einen begrenzten Haushalt mitbestimmen. Selbst wenn er Bildung einen sehr hohen Stellenwert beimisst, so muss er dennoch seine Interessen mit denen seiner Parteigenossen sowie mit anderen Parteien abstimmen, ja aushandeln. Und da kann schon mal die Sanierung des Feuerwehrhauses wichtiger als die Renovierung einer Schule sein. Bei allen Gesprächen mit dem Schulträger sollten Sie deutlich machen, dass Sie das wissen

Nachteilige Entscheidungen respektieren

und auch für Ihre Schule mal nachteilige Entscheidungen respektieren. Bemühen Sie sich von Anfang an um ein gutes, konstruktives Verhältnis zu Ihrem Schulträger. Dabei geht es nicht nur um die Politiker, sondern zuvorderst um die Sachbearbeiter, mit denen Sie Kontakt haben. Je respektvoller, je vertrauensvoller Sie mit ihnen umgehen, desto besser für Ihre Schule!

MIT DER SCHULAUFSICHT KOOPERIEREN

21

Bereitschaft zu vertrauensvoller Zusammenarbeit

Die Schulaufsicht ist für die Personalzuweisung, die Einhaltung der Rechts- und Verwaltungsvorschriften und die fachliche Aufsicht zuständig. Sie hat von allen Kooperationspartnern sicher den größten Einfluss und jeder Schulleiter ist gut beraten, immer seine Bereitschaft zu vertrauensvoller Zusammenarbeit zu zeigen. Das fällt manchmal nicht leicht, denn die Schulaufsicht kann auch sehr direkt und unangenehm in die inneren Abläufe der Schule eingreifen. So kann es vorkommen, dass trotz aller Bemühungen des Schulleitungsteams, den neuen Stundenplan rechtzeitig zu erstellen, die Personalzuweisung durch die Schulaufsicht sehr oder gar zu spät erfolgt. Schon beginnt das neue Schuljahr holprig und mit Improvisationen. Innerschulisch wird die Schulleitung dafür verantwortlich gemacht.

In Situationen wie dieser ist es gut, wenn die Kommunikation zwischen Schule und Schulaufsicht in konfliktfreien Zeiten so gut entwickelt wurde, dass man einander vertraut.

Dazu können Sie als Schulleiter viel beitragen, indem Sie sich um ein korrektes Verwaltungshandeln bemühen. Das beginnt bei einer guten Aktenführung, z. B. bei den Schülerakten:

Korrektes Verwaltungshandeln

Gleich mal ausprobieren

Schülerakten sind gelegentlich der Schulaufsicht vorzulegen, haben aber auch schulintern so viel Bedeutung, dass sie übersichtlich und vollständig sein müssen. Für bestimmte Vorgänge können Sie farbiges Papier verwenden, z. B.:

- Blau: unterschriebene Schulordnung/Schulvertrag
- Grün: besondere Fördermaßnahmen einschließlich gezielter Beratung
- Gelb: Verstoß gegen Schulvorschriften
- Rot: ergriffene Ordnungsmaßnahmen/Schulstrafen

Übersichtlich geführte Akten sind auch für die außenstehenden Personen in der Schulaufsicht leicht zu lesen.

Schlagen Sie Bitten der Schulaufsicht nach Übernahme eines Schülers oder Lehrers (Tipp 78) nicht permanent aus. Wenn es Ihnen nach Abwägung aller Gesichtspunkte möglich ist, übernehmen Sie den Problemfall, bestehen Sie aber auch gleichzeitig darauf, dass das weitere Vorgehen zwischen Ihnen und der Schulaufsicht vor der Übernahme abgesprochen wird. Sobald Sie allerdings den Eindruck haben, Sie werden zum Problemlöser Nummer eins, haben Sie auch das Recht, nein zu sagen.

❯ Tipp 78

Es gibt nicht viele Schulleiter die sich als große Statistik-Fans bezeichnen würden. Abzugebende Statistiken haben erfahrungsgemäß die unangenehme Eigenschaft, zu sehr ungelegenen Zeitpunkten fertig sein zu müssen. Das Erstellen von Statistiken sollten Sie unbedingt so organisieren,

❯ Tipp 19

dass der Aufwand für Sie so gering wie möglich ist, aber auch Fehler durch Gegenlesen (Tipp 19) noch in der Schule entdeckt und bereinigt werden. Jede Nachfrage setzt Sie verstärkt unter Druck und beeinflusst Ihr Bild beim anderen negativ.

Wird zu einem Vorfall oder einer Sachfrage ein Bericht gefordert, so haben Sie den zu liefern, Punktum. Und wenn Sie ihn nicht liefern können, geben Sie sofort eine Rückmeldung. Halten Sie sich unbedingt genau an den Auftrag, ergänzen Sie keine neuen Gesichtspunkte und stellen Sie die Sinnhaftigkeit nicht infrage. Berichte sollen kurz und eindeutig sein. Nur wenn Sie sich Ihrer Sache sehr sicher sind, sind begründete Abweichungen zulässig.

Um die Ecke gedacht

Eine Behörde wie die Schulaufsicht hat ihre eigenen Abläufe, die sich von denen einer Schule grundlegend unterscheiden. Am Arbeitsplatz des Schulleiters sind oft spontane, schnelle Entscheidungen notwendig, in der Schulaufsicht hingegen werden vorwiegend Akten bearbeitet, die auch mal warten können. Versuchen Sie, diese Gesetzmäßigkeiten zu erfassen, und entwickeln Sie Verständnis, auch wenn es Ihnen vielleicht so manches Mal schwerfällt.

SICH ANGEMESSEN KLEIDEN

22

❯ Tipp 5, 11, 28

In der direkten Kommunikation zwischen den Menschen spielt deren Kleidung eine sehr wesentliche Rolle (Tipp 5, 11, 28). Das bedeutet gerade für Sie als Schulleiter, dass Sie sich bewusst damit auseinandersetzen müssen, was Sie wann tragen möchten, können oder gar müssen.

Welche Kleidung in welcher Situation die richtige Wahl für Sie ist, können nur Sie entscheiden. Das hängt natürlich davon ab, ob normaler Alltag oder ein besonderer Anlass ansteht, nicht zuletzt aber auch von Ihrem Typ. Entscheidend ist auch, welche Botschaft Sie mit Ihrer Kleidung transportieren wollen.

Es bedarf einer Abstufung der Bekleidung für verschiedene Anlässe: Im Alltag tragen Sie etwas anderes als bei der Überreichung der Abiturzeugnisse oder der Einschulungsfeier. Auch der Schultyp oder der Standort der Schule kann sich in Ihrer Bekleidung widerspiegeln. Im edlen Zwirn kann man sich in einer Brennpunktschule leicht zum Fremdkörper machen, aber ein ausgeleiertes T-Shirt mit einem lustigen Aufdruck passt wohl nie.

Dem Anlass angemessene Kleidung wählen

Entscheidend ist, welche Botschaft Sie mit Ihrer Kleidung transportieren wollen. Auch diesbezüglich sollten Sie für Ihre Kollegen ein Vorbild (Tipp 11) darstellen. Und denken Sie daran: Eine Anbiederung an den Stil Ihrer Schüler wird von diesen in aller Regel als ziemlich peinlich empfunden.

Vorbild sein
❯ Tipp 11

Gleich mal ausprobieren

Legen Sie sich vier verschiedene Bekleidungsvarianten zurecht:

- normaler Alltag
- Gäste kommen
- Tag der offenen Tür
- Einschulungs-, Abitur-, ...-Feier

Es genügt manchmal, auch nur eine (andere) Krawatte oder ein Halstuch hinzuzunehmen, um der Bekleidung eine andere Wirkung zu geben. Nutzen Sie bei sich bietender Gelegenheit (z. B. in einem Fortbildungsangebot) den Rat von Experten.

SCHULE NACH INNEN REPRÄSENTIEREN

23

Als Schulleiter werden Sie nach innen nicht nur mit den Interessen des Kollegiums, sondern auch mit denen der Eltern und der Schüler konfrontiert. Die Interessen dieser drei Gruppen sind oft widerstreitend. Manchmal sitzen Sie zwischen den Stühlen.

Philosophie der Schule

Ihre Aufgabe ist es, die Philosophie der Schule, die durch den Schultyp, das Schulprogramm und das Schulprofil beschrieben wird, glaubwürdig zu vertreten und zu repräsentieren. Dies erscheint nicht immer leicht, wenn Sie mit Gruppenegoismen konfrontiert werden – es ist aber Ihr Job! Der Ganztagsbetrieb steht den Interessen einiger Kollegen bei einer individuellen Stundenplanung im Wege, die Integration lernschwacher Kinder kollidiert evtl. mit den Interessen leistungsorientierter Eltern und die Fremdsprachenauswahl wird von einigen Schülern als einengend betrachtet. Sie sind derjenige, der immer wieder deutlich machen muss, dass erarbeitete Grundsätze nicht in jeder Konfliktsituation zur Disposition gestellt werden, der in Gesamtkonferenzen und Studientagen dem Kollegium diese Philosophie immer wieder verdeutlicht, der am Tag der offenen Tür oder bei Anmeldungen Eltern auf diese Grundsätze hinweist und diese auch gegenüber der Schülerschaft offensiv vertritt.

Grundsätze vertreten

Je mehr Sie davon überzeugt sind, die richtige Schule zu leiten, desto eher wird es Ihnen gelingen, auch andere für Ihre Schule zu gewinnen. Das heißt nicht, dass Sie alles an Ihrer Schule richtig finden müssen. Aber das, was veränderungsbedürftig ist, gehört zur Vision (Tipp 42). Wenn Sie deutlich machen können, dass eine kontinuierliche Verbesserung der Schule erwünscht ist und dass alle dazu aufgerufen sind, an dieser mitzuwirken, dann können Sie auch für den unvollendeten Teil Ihrer Schule geradestehen.

❯ Tipp 42

24

Der Schulleiter übt im Auftrag des Schulträgers, der ja Eigentümer des Gebäudes ist, das Hausrecht auf dem gesamten Schulgelände aus. Dabei wird er von seinem Stellvertreter, den Lehrern und den Hausmeistern unterstützt. Im Konfliktfall hat er oder in seiner Abwesenheit der aktuelle Abwesenheitsvertreter entschieden zu handeln.

Je nach Lage der Schule wird diese mehr oder weniger oft von schulfremden Personen aufgesucht. Das können ehemalige Schüler sein, aber auch ganz fremde Personen, die aus diesem oder jenem Grunde Kontakt zu Schülern oder Lehrern aufnehmen wollen oder sich gar am Eigentum der Schule oder der Schüler vergreifen. Doch ob ein Besucher willkommen ist, ist nicht immer auf den ersten Blick zu erkennen. Da ist es hilfreich, wenn für den Umgang mit schulfremden Personen klare Regeln gelten und angewendet werden. So sollten sowohl Lehrer als auch Schüler schulfremde Personen ansprechen, sie fragen, ob sie ihnen helfen können und ihnen z. B. den Weg zum Sekretariat oder Lehrerzimmer zeigen. Vor allem sollten Schüler beim geringsten Verdacht, dass hier etwas nicht in Ordnung ist, auf keinen Fall selbst handeln, sondern einem Erwachsenen Bescheid sagen. Das kann die Aufsicht, der Klassenlehrer oder auch der Hausmeister sein. Lehrer und Hausmeister sollten ungebetene Gäste zum Schulleiter bringen. Dieser wird den Namen und den Zweck des Besuchs erfragen. Oft genügt es dann, auf die Aufgaben der Schule hinzuweisen. Die Schule ist eben kein Treffpunkt für Freunde, das gehört in die Freizeit.

Schulfremde Personen ansprechen

SOS-Tipp

> Es ist zwar nicht besonders einladend, aber am Schuleingang darf ein Schild nicht fehlen: „Zutritt nur für Schüler und Bedienstete der Schule. Schulfremde Personen/Besucher bitte im Sekretariat anmelden." Sie ersparen sich manche fruchtlose Diskussion, beginnend mit: „Wo steht das?"

Will sich der Besucher nicht über den Grund seines Besuches äußern oder bleibt er im Unbestimmten wie „Ich wollte nur einen Freund besuchen", dann hat der Schulleiter umso nachdrücklicher die Personalien festzustellen. Denn er hat jederzeit das Recht, ein Hausverbot zu erteilen. Damit es keine Zweifel gibt, sagt der Schulleiter dem unerwünschten Gast genau, welche Folgen ein Verstoß gegen das Hausverbot hat (Hausfriedensbruch) und dass der Schulträger (Landrat, Bürgermeister) über das Verbot informiert wird (Tipp 20). Das Hausverbot ist unbedingt noch einmal schriftlich zuzusenden. Wenn Ihnen die Personalien verweigert werden, müssen Sie die Polizei rufen. Da ist es gut, wenn Sie im Vorfeld mit der Polizeidienststelle abgeklärt haben, dass Hilferufe nur in echten Notfällen erfolgen, Sie dann aber schnelle Unterstützung erwarten.

Notfalls: Hausverbot erteilen

❯ Tipp 20

Solange sich Besucher an die Hausordnung halten und den Schulbetrieb nicht stören, können sie geduldet werden.

Gleich mal ausprobieren

Besonders in großen Schulen mit vielen anderen Einrichtungen in der Nachbarschaft kann es schwierig sein, den Überblick zu behalten. „Ist das ein Schüler unsere Schule oder ein Besucher?", fragt sich evtl. ein Lehrer bei der Hofaufsicht. Dann können Sie Ausweise aushändigen, die sichtbar zu tragen sind. Da es auch erwachsene Besucher geben kann, sollten auch die Lehrer stets ihre Ausweise tragen. Jeder Besucher hat sich ohnehin im Sekretariat zu melden; dort bekommt er dann einen Besucherausweis.

EINFLUSS NEHMEN

25.

❯ Tipp 20, 21

Es gibt sie durchaus, die Schulräte, die Schulleiter um Rat bitten oder erfragen, wie sich ihre Entscheidungen im Alltag der Schule auswirken würden (Tipp 20, 21).
Auch Politiker, in deren Wahlkreis Ihre Schule liegt, brauchen oft fachlichen Rat. Bieten Sie Ihren Rat an, wenn z. B.

die neue Landesregierung wieder einmal das Schulgesetz ändert. Stellen Sie sachlich „Ihren Abgeordneten" die Auswirkungen im Schulalltag dar. Oder bieten Sie allen Parteien Informationsgespräche an. Laden Sie neue Dezernenten in die Schule ein, bilden Sie Netzwerke.

Es kann für Ihre Schule nur von Vorteil sein, wenn man „auf Sie hört".

KOMMUNIKATIONSKANÄLE PRÜFEN

26

Kommunikation wird häufig mit Information gleichgesetzt – Information ist aber nur ein Teil der Kommunikation, und zwar der unwichtigere! Der wichtigere Teil ist die Interaktion: Die kommunizierenden Personen sichern ab, dass beim jeweils anderen das ankommt, was vermittelt werden sollte. Und das ist nur durch Rückmeldung möglich (Tipp 29).

❭ Tipp 29

Betrachten Sie einmal die Kommunikationskanäle, die Sie an Ihrer Schule benutzen: Mitteilungsbuch, Schwarzes Brett (analog oder digital), Zettel in den Fächern, E-Mail, Homepage (Tipp 13), Presse usw. Es handelt sich hierbei genau

❭ Tipp 13

genommen nur um Informationskanäle; auch wenn sie zum Austausch benutzt werden, sind sie dafür nur sehr bedingt geeignet.

Wirklich interaktive Kommunikationskanäle sind:

Interaktive
Kommunikations-
kanäle

▰ das Gespräch in allen seinen Facetten und Typen,
▰ die Konferenz (wenn Sie denn nicht als Informationsschleuder missbraucht wird),
▰ das definierte Austauschforum.

Je mehr interaktive Kommunikationskanäle zwischen Schulleitung und Kollegium sowie innerhalb der Schulleitung genutzt werden, desto besser fühlen sich Kollegen informiert; je mehr hingegen reine Informationskanäle vorhanden sind, desto weniger fühlen sich Kollegen informiert (interessanterweise unabhängig davon, wie intensiv sie genutzt werden!).

▶ Tipp 53 Dies hängt stark mit der Wertschätzung (Tipp 53) zusammen, die jemand empfindet, wenn Sie sich ihm zuwenden und ihm und seiner Meinung Interesse entgegenbringen.

Gleich mal ausprobieren

Fragen Sie nach der nächsten Konferenz einmal zwei, drei Kollegen unabhängig voneinander, was bei ihnen zu dem einen oder anderen Punkt, den Sie vorgetragen haben, angekommen ist und was sie darüber denken. Beobachten Sie genau die Reaktion. Und wenn Sie hören, dass die Kollegen mehr Austausch brauchen, fragen Sie sie nach Vorschlägen, was die Kollegen genau meinen und wo, wann und in welcher Form das geschehen soll.

Checken Sie die Kommunikationskanäle an Ihrer Schule: Kommt das, was Sie als Schulleitung vermitteln wollen, bei den Kollegen an und wird es verstanden? Führen Sie die fehlenden interaktiven Kommunikationskanäle in Abstimmung mit den Kollegen ein.

GESPRÄCHE FÜHREN

27

▶ Tipp 26, 36

80 Prozent Ihrer Führungsarbeit besteht darin zu kommunizieren – und mehr als 80 Prozent Ihrer Kommunikationsarbeit besteht aus Gesprächen (Tipp 26, 36). Je kompetenter Sie Gespräche der unterschiedlichsten Art führen, umso effizienter und effektiver werden Sie Ihre Schule führen.

Achtung!

Für jede Art von Gesprächen gilt: Bei der Vorbereitung zu scheitern bedeutet, ein Scheitern vorzubereiten!

Gesprächsarten unterscheiden

Machen Sie sich bei einem bevorstehenden Gespräch zunächst klar, um welche Art von Gespräch es sich handeln wird, z.B. Kritik, Klärung, Schlichtung, Beschwerde, Beratung, Bewertung, Bewerbung etc. Jede dieser Gesprächsarten hat ein anderes Ziel und verlangt deshalb auch eine andere Haltung von Ihnen.

Die Vorbereitung beinhaltet sodann nicht nur die inhaltliche, sondern – insbesondere bei als schwierig empfundenen Gesprächen – auch die innere Vorbereitung.

Gleich mal ausprobieren

Inhaltliche Vorbereitung:
- Was sind Anlass und Ziel des Gespräches?
- Was sind die zwei bis drei Sätze, die ich dem anderen sagen will?

Innere Vorbereitung:
- Wofür ist mein Gesprächspartner verantwortlich – und wofür bin ich es?
- Was kann ich von ihm erwarten – und was er von mir?
- In welcher Beziehung stehen wir zueinander – und was folgt daraus?
- Welche Haltung und welches Verhalten sind für mich in meiner Rolle als Schulleiter in dieser Situation angemessen?

Beantworten Sie sich kritisch diese Fragen; wenn Sie die Gelegenheit dazu haben, ist es sicher auch hilfreich, wenn Sie Ihre Antworten mit einem Kollegen einmal durchsprechen. Betrachten Sie dann die für die jeweilige Gesprächsart spezielle Gesprächsstruktur. Machen Sie sich mit diesen Strukturen in Gesprächsseminaren vertraut und üben Sie dort oder mit einem Trainer/Coach. Ein Beispiel in Tipp 77
Füllen Sie nun in die jeweilige Gesprächsstruktur Ihre wesentlichen Sätze ein. Jetzt sind Sie gut vorbereitet.

SOS-Tipp

Im Gespräch kommt es im Wesentlichen darauf an, dass Sie bei Ihrer Linie und Haltung bleiben – auch wenn der andere sich unangemessen oder nicht erwachsen verhält. Das ist für viele der schwierige Teil der Gesprächsführung.

> Da hilft nur: Üben und Rückmeldung einholen, dann erneut üben. Stimmen Gesprächstyp und Ihre innere Haltung nicht überein, wird das Gespräch in der Regel nicht konstruktiv sein.

BEWUSST KOMMUNIZIEREN

28

Sie sind (fast) immer Schulleiter – zumindest sehen die anderen Sie immer in dieser Rolle. Sie kommunizieren immer und mit allem: Körperhaltung, Kleidung, Mimik, Gestik, Sprache, durch Anwesenheit, (In-)Konsequenz, (Un-)Zuverlässigkeit, (Un-)Pünktlichkeit – all das wird von den anderen wahrgenommen und gedeutet, und zwar nicht nur in der Zeit, in der Sie im Schulgebäude sind, sondern überall und jederzeit, wo man Sie erkennt: auf der Kirmes, im Theater, beim Einkauf usw. Manch einer empfindet dies vielleicht als Belastung, es kann aber auch als Chance gesehen

> Tipp 4

werden (Tipp 4).

Gleich mal ausprobieren

> Tipp 22
> Tipp 54, 77

Nutzen Sie die Chance des Immer-Kommunizierens bewusst aus! Durch bewusste Kleidung (Tipp 22), Zuverlässigkeit, Zuwendung und Konsequenz (Tipp 54, 77) können Sie Wesentliches Ihrer Haltung und Einstellung kommunizieren.

Auch Nichtverhalten ist Kommunikation

Auch Nichtverhalten ist Kommunikation – manchmal sogar eine viel aussagekräftigere als eine lange verbale Erklärung. Es wird gedeutet, ob es Ihnen passt oder nicht. Sie können nur versuchen, darauf Einfluss zu nehmen.

Lassen Sie z. B. in einer Konferenz regelverletzendes Verhalten (Zuspätkommen, Stören, vorzeitiges Verlassen, persönliche Angriffe gegen Sie o. Ä.) unkommentiert, kann der Eindruck entstehen, dass man so etwas grundsätzlich mit Ihnen machen kann. Weisen Sie hingegen das Verhalten in der Konferenz verbal zurück und bestellen die betreffende Per-

son ggf. zu einem Gespräch über ihr Verhalten ein (Tipp 77), ❯ Tipp 77
so bekommen die Kollegen mit, dass die Regelverletzung
für den Betroffenen ein Nachspiel hat. Ein anderer Aspekt
des Immer-Kommunizierens ist die (Nicht-)Zuwendung: Es
wird genau gedeutet, wem oder welchem Thema Sie wie viel
und welche Art von Zuwendung geben (Tipp 4). ❯ Tipp 4

Gleich mal ausprobieren

- Was ist mir wichtig an meiner Schule?
- In welchem Handeln und durch welche Kommunikation dokumentiere ich selbst die Wichtigkeit?
- Woran erkennen die Kollegen, dass mir etwas wichtig ist?

  Beantworten Sie sich diese Fragen selbst, sprechen das mit
  einem vertrauten Kollegen durch und kommunizieren Sie es
  dann entsprechend bewusst!

AKTIV ZUHÖREN

29

Das aktive Zuhören ist eine der Königsdisziplinen in Ihrer
Leitungskommunikation. Jeder weiß, was es ist – die wenigsten können es praktizieren und wieder nur ein Teil von
ihnen tut es auch!
Aktives Zuhören erfordert Geduld und Kraft. Doch die Investition lohnt sich: Sie können dadurch viele Missverständnisse vermeiden und reichlich Zeit und Kraft einsparen –
und obendrein das Arbeitsklima verbessern (Tipp 6).

Missverständnisse
vermeiden

❯ Tipp 6

Um die Ecke gedacht

Wesentlicher Aspekt des aktiven Zuhörens ist Ihre innere
Haltung: „Hilf mir zu verstehen, was du mir mitteilen
willst!"

Um zu verstehen, was mir der andere mitteilen will, muss
ich ihm meine Deutung mitteilen und ihn um Bestätigung
oder Korrektur ersuchen, z. B.:

- „Ich habe bisher Folgendes von Ihnen verstanden: …“
- „Ich habe noch ein unklares Bild von dem, was Sie mir erzählen: Einerseits …, andererseits …“
- „Für mich hört sich das so an, als ob … Ist es das, was Sie mir mitteilen wollen?“
- „Verstehe ich Sie richtig, dass …?“

Gleich mal ausprobieren

Benutzen Sie in Ihren Gesprächen – insbesondere in den heiklen – ganz bewusst die Technik des aktiven Zuhörens, und zwar aus der beschriebenen Haltung heraus. Und lassen Sie sich am Ende des Gespräches ein Feedback geben.

Um die Ecke gedacht

Wenn Ihnen der Personalrat wieder einmal vom „Unmut“ im Kollegium berichtet, fragen Sie konkret nach: „Ich verstehe Sie so, dass sich einzelne Kollegen bei Ihnen gemeldet haben, die mit dem Arbeitsklima/der Vorgehensweise nicht einverstanden sind. Ist es das, was Sie mir sagen möchten?“ Sagt der Personalrat Ja, können Sie entsprechend reagieren. „Bei mir haben sich auch einzelne Kollegen gemeldet, die sehr einverstanden mit dem Vorgehen sind!“ Sagt der Personalrat Nein, dann möge er die Botschaft konkretisieren.

GESICHTER LESEN

30

›Tipp 36, 53

Schauen Sie Ihren Gesprächspartner während des Gespräches immer an! Genauer gesagt: Schauen Sie in das Gesicht des anderen (Tipp 36, 53). Achten Sie aber darauf, dass Sie Ihren Gesprächspartner nicht anstarren, indem Sie ihm beispielsweise ununterbrochen in die Augen blicken. Betrachten Sie vielmehr mal eine Gesichtspartie, mal eine andere. Das Anschauen des Gesprächspartners ist vor allem aus zwei Gründen so wichtig. Erstens bedeutet es für den anderen in der Regel Wertschätzung – an ihm vorbeizuschauen oder gar wegzusehen wird dagegen leicht als Geringschätzung gedeutet. Zweitens können Sie vieles aus dem Gesicht des anderen, aus seiner Mimik und seiner Pupilleneinstellung ablesen.

Wertschätzung

Achtung!

Mit Ihrer Interpretation des Gesichtsausdrucks des Gesprächspartners können Sie auch daneben liegen! Versuchen Sie im weiteren Verlauf des Gespräches also nicht, mit verändertem Verhalten auf die von Ihnen vermutete Einstellung des anderen zu reagieren. Stellen Sie Ihrem Gesprächspartner vielmehr Ihre Wahrnehmung zur Verfügung – als Sonderform des aktiven Zuhörens (Tipp 29): „Ich beobachte gerade bei Ihnen ... Da entsteht bei mir ein Gefühl/eine Frage: ... Was sagen Sie dazu?"
Insbesondere wenn Sie Sätze sagen, die den anderen betreffen oder sogar betroffen machen, sollten Sie als starkes rhetorisches Mittel das Anschauen mit einer Pause verbinden (Punkt. Pause. Anschauen!).

❯ Tipp 29

Gleich mal ausprobieren

Wenn Sie das nächste Mal im Gespräch mit einem Kollegen sind, der nicht so gern mit Ihnen spricht, können Sie Folgendes ausprobieren. Wenn Sie ihn ansprechen, schaut er häufig zur Seite. Schauen Sie ihn ganz bewusst an und sprechen Sie aus: „Ich beobachte gerade, dass Sie zur Seite sehen, wenn ich mit Ihnen rede. Da entsteht bei mir der Eindruck, dass es Ihnen unangenehm ist, mit mir zu sprechen. (Pause) Was sagen Sie dazu?" (Pause, Anschauen) Wenn etwas kommt, können Sie sich damit auseinandersetzen. Wenn nichts kommt, verabreden Sie mit ihm ein Gespräch über sein unprofessionelles Verhalten.

31

Sich nicht zu viel
vornehmen

❯ Tipp 68, 69

❯ Tipp 34

❯ Tipp 32, 33

„Ich bin immer erreichbar und ansprechbar." – „Meine Tür steht immer für Sie offen." Seien Sie vorsichtig mit solchen Äußerungen. Ehe Sie sich versehen, zerrinnt Ihnen die Zeit zwischen den Fingern und Sie kommen nicht mehr dazu, die Dinge zu erledigen, die Sie sich vorgenommen haben (Tipp 68, 69). Und die Kollegen wundern sich bald nicht mehr, dass Sie Ihre Terminvereinbarungen kaum einhalten können.

Natürlich ist es richtig, dass Sie als Schulleiter frei ansprechbar sein sollten. Dabei reicht es aber völlig aus, dass Kollegen, Schüler oder Eltern wissen, wie sie Sie prinzipiell erreichen könnten. Ob Sie auf das ungeplante Sprechbegehren spontan eingehen wollen (Tipp 34) oder einen Gesprächstermin vorschlagen, das entscheiden aber Sie. Und das sollten Sie sich auch nicht aus der Hand nehmen lassen!

Stellen Sie Orte und Zeiten zur Verfügung, in denen Sie einfach ansprechbar sind: Gehen Sie regelmäßig ins Lehrerzimmer (Tipp 33), seien Sie präsent (Tipp 32) in bestimmten Bereichen der Schule

Um die Ecke gedacht

Wenn Sie Ihre Mobilfunknummer oder Ihre E-Mail-Adresse herausgeben, dann sollten Sie auch immer angeben, wie Sie mit Nachrichten umgehen, z.B.: „Gehen Sie davon aus, dass ich die Call-Box abends abhöre und mich dann erst am nächsten Tag bei Ihnen zurückmelden kann.", „Wenn Sie eine sehr dringende Mitteilung oder Frage an mich haben, die nicht bis zum nächsten Tag warten kann, müssen Sie mich direkt ans Telefon bekommen, meine Sekretärin ansprechen oder mich aufsuchen."

32

„Präsenz zeigen" ist nicht als gleichbedeutend mit „anwesend sein" zu verstehen. In Ihrem Amtszimmer zu sitzen und keiner weiß etwas davon – das ist in diesem Sinne also kein Präsenzzeigen (Tipp 4, 16). Präsenz zu zeigen meint vielmehr den aktiven Teil des Ansprechbarseins (Tipp 31). Das bedeutet, nicht irgendwo herumzustehen oder herumzugehen, sondern aktiv auf Schüler, Kollegen oder Eltern zuzugehen, die Ihnen begegnen. Dabei kommunizieren Sie nicht nur mit dem, mit dem Sie gerade reden, sondern auch mit allen anderen, die das wahrnehmen (Tipp 28).

❭ Tipp 4, 16
❭ Tipp 31

❭ Tipp 28

Sie zeigen damit Wertschätzung (Tipp 53), verringern Hemmschwellen, bedeuten Interesse und bekommen gleichzeitig eine ganze Menge von dem mit, was in Ihrer Schule atmosphärisch so abläuft – in jede Richtung: Wird es still, wenn Sie sich einer Gruppe nähern? Wie schaut man Sie an? Wie werden Sie begrüßt? Was können Sie in den Gesichtern lesen (Tipp 30)?

❭ Tipp 53

❭ Tipp 30

Gleich mal ausprobieren

Nehmen Sie einmal ganz bewusst wahr: Ändert sich etwas (und wenn ja: was?), wenn Sie sich einer Gruppe von Kollegen nähern? Und ist das, was Sie wahrnehmen, auch das, was Sie sich als Wirkung auf die Kollegen wünschen?

Bitten Sie die Mitglieder der Schulleitung um ihre Eindrücke und vergleichen Sie das mit Ihren Erkenntnissen. Diskutieren Sie vor allem unterschiedliche Beobachtungen.

IN DAS LEHRERZIMMER GEHEN

33

„Das Lehrerzimmer heißt aus gutem Grunde so. Da habe ich nichts verloren!" Schulleiter mit einer solchen Einstellung vergeben eine Chance, sich ein Bild von der Atmosphäre und der Gruppenstruktur im Lehrerkollegium zu machen.

Gleich mal ausprobieren

Schauen Sie beim nächsten Besuch im Lehrerzimmer ganz bewusst hin: Wer sitzt mit wem zusammen, welche Kollegen bilden kleine Sonderbereiche (auf einem Sofa, an einem extra Tisch, hinter einer Trennwand etc.)? Was passiert, wenn Sie sich einer Gruppe nähern? Welche Atmosphäre herrscht da eigentlich?

Nutzen Sie den Besuch im Lehrerzimmer nicht nur, um Aufträge zu verteilen, sondern auch, um Fragen zu stellen, aktiv zuzuhören (Tipp 29), Zuwendung zu zeigen und sich zu informieren (Tipp 53, 54).

❯ Tipp 29
❯ Tipp 53, 54

Achtung!

Dennoch sollten Sie respektieren, dass das Lehrerzimmer für viele Kollegen ein wichtiges Rückzugsgebiet zwischen den Stunden ist.

In Anbetracht dessen: Wenn Sie die Kollegen ansprechen, dann wählen Sie eine dem Kontakt angemessene Art. „Ich möchte mit Ihnen einmal in Ruhe über … sprechen. Können wir uns gleich verabreden?"

ZWISCHEN TÜR UND ANGEL REDEN

34

Das Tür-und-Angel-Gespräch ist weder grundsätzlich gut noch grundsätzlich schlecht. Es ist kurz, spontan und meist öffentlich. Zwar birgt ein solches Gespräch immer die Gefahr von Missverständnissen – trotzdem ist es manchmal unerlässlich. Sie kommen nicht umhin, über viele Dinge in der Sekunde zu entscheiden, in der Sie mit ihnen konfrontiert werden – das ist Teil Ihres Jobs!

Schnell entscheiden

Werden Sie zwischen Tür und Angel angesprochen, sollten Sie sich aber die Zeit nehmen, bewusst zu entscheiden, ob Sie in dem Moment oder später oder gar nicht auf den Gesprächsbedarf des anderen eingehen – und teilen Sie ihm das mit (insbesondere, wenn Sie auf den Gesprächsbedarf des anderen gar nicht eingehen wollen. Es ist ethisch bedenklich, den anderen mit einem flüchtigen „später" hinzuhalten, obwohl Sie bereits wissen, dass Sie das von ihm gewünschte Gespräch nicht führen wollen). Nehmen Sie in Kauf, dass es Ihrem Gegenüber manchmal nicht gefallen wird, wenn Sie das Gespräch verschieben möchten – so es doch aus seiner Sicht „nur ganz kurz ist und ganz besonders schnell gehen soll oder sogar muss!" (Tipp 81).

Nicht hinhalten

❯ Tipp 81

Um die Ecke gedacht

Oft kennen die Kollegen den Sachverhalt, den sie nun ganz dringend mit Ihnen besprechen wollen, schon länger und kommen erst kurz vor Toresschluss damit an – das müssen Sie dann thematisieren: „Aus welchem Grund oder mit welchem Ziel kommen Sie damit erst jetzt – und dann noch zwischen Tür und Angel?" Dadurch reduzieren sich übrigens auf Dauer die Tür-und-Angel-Gespräche auf das notwendige Maß!

Gleich mal ausprobieren

Gehen Sie mit gutem Beispiel voran: Sprechen Sie die Themen, die die Kollegen erheblich betreffen oder sogar betroffen machen, genau nicht zwischen Tür und Angel an, sondern verabreden dafür Gesprächstermine.

Setzen Sie Tür-und-Angel-Gespräche bewusst ein, so z. B., um mal beim Stellvertreter, der Stufenleiterin oder der Sekretärin vorbeizuschauen („Hallo, Wie geht's? Was gibt's Neues?"), vielleicht auch, um nach Privatem zu fragen (Tipp 32, 54). Mithilfe solcher kleinen Gespräche bilden Sie auch die Grundlage der Beziehungen, die Sie insbesondere in der schulleitungsinternen Kommunikation brauchen (Tipp 6, 53).

❯ Tipp 32, 54

❯ Tipp 6, 53

35

In der Lehrerkonferenz wird die Organisation der diesjährigen Projektwoche besprochen. Kollegin A äußert den Vorschlag, dass klassenübergreifende Projekte angeboten werden. Prompt meldet sich Kollege B zu Wort: „Ja, aber ..."
Solche Situationen kennen Sie wahrscheinlich zur Genüge. Hinter dem Ja-aber können sich zwei sehr unterschiedliche Haltungen verbergen. Es kann sich dabei einfach nur um ein rhetorisch verunglücktes Nein handeln und Kollege B traut sich nicht oder hat sprachlich kein anderes Mittel zur Verfügung, seine (Teil-)Ablehnung zu äußern. Dann sollten Sie als Schulleiter mit aktivem Zuhören (Tipp 29) klarstellen, was er meint. Oder es kann sich aber auch um eines der psychologischen Spielchen handeln, das Erwachsene gerne spielen.

›Tipp 29

Psychologische Spielchen erkennen

Dann geht es nicht um die sachliche Auseinandersetzung zum anstehenden Thema, sondern darum, Kollegin A zum Schweigen zu bringen oder ihren Vorschlag zu diskreditieren; beides mit dem Ziel, zu vermeiden, selbst einen Beitrag leisten oder ernsthaft den Vorschlag diskutieren zu müssen. Die Vorgehensweise: Zu jedem Argument von A kommt ein „Ja, aber, geht nicht, weil ...!" von B, bis A resigniert schweigt. B triumphiert („Siehst du, da fällt dir nichts mehr ein!"), lehnt sich grinsend zurück („Dann können wir jetzt zum nächsten Punkt übergehen.") und hat sein Ziel erreicht.

›Tipp 75

Wenn Ihnen wiederholtes Ja-aber (Tipp 75) auffällt, sprechen Sie aus, was Sie wahrnehmen und welcher Eindruck bei Ihnen entsteht: „Sie sagen jetzt ein zweites Mal ‚ja, aber'. Bei mir entsteht der Eindruck, dass es Ihnen um etwas anderes geht. Helfen Sie mir/uns, Ihr Interesse in dieser Sache zu verstehen!" Und fragen Sie den Ja-aber-Sager vielleicht: „Hat Ihnen schon einmal jemand etwas zu dem Sachverhalt gesagt, das Sie selbst noch nicht mit einem Aber bewertet haben?"

Der Betroffene hört dann meistens auf oder beharrt trotzig auf seinem Aber. Dann erkennen die anderen in der Runde auch, dass es sich nur um ein Spielchen gehandelt hat und nicht um einen ernstzunehmenden konstruktiven Beitrag zum Thema – und dass Sie sich nicht darauf eingelassen haben.

Gleich mal ausprobieren

Beobachten Sie sich selbst! Streichen Sie diese Redewendung aus Ihrem Repertoire und ersetzen Sie sie durch Formulierungen wie „Ich stimme in den und den Punkten mit Ihnen überein, jenen Aspekt jedoch sehe ich völlig anders".

MIT MITARBEITERN SPRECHEN

36

Sinnentleerte Rituale verschwenden Ihre Zeit ebenso wie die Ihrer Mitarbeiter. In einem Gespräch mit einem Mitarbeiter müssen Sie ernsthaft interessiert daran sein, etwas herauszufinden, was Sie vorher nicht wussten und/oder was Sie für die weitere Arbeit nutzen wollen.

Wenn Sie als Schulleiter neu in ein Kollegium kommen, ist es ein Zeichen von Respekt, alle Mitarbeiter kennenlernen zu wollen (Tipp 6). Gerade in großen Kollegien unterliegen neue Schulleiter leicht dem Irrtum, sie müssten nur die Lehrer kennenlernen. Wenn Sie nicht selbst darauf kommen, werden die „sonstigen Mitarbeiter" das Gespräch schon einfordern … Planen Sie die Erstgespräche so, dass das Gefühl, ausgefragt zu werden, gar nicht erst entsteht. Es empfiehlt sich, in der Hierarchie ganz oben zu beginnen und immer um ein Feedback Ihrer Gesprächsführung zu bitten. Mit der Zeit wird sich herumsprechen, welche Qualität diese Gespräche haben.

❯ Tipp 6

Gleich mal ausprobieren

Notieren Sie sich, was Sie bei einem ersten Mitarbeitergespräch alles erfahren wollen, und entwickeln Sie dazu ein Formular (Muster siehe unten). Erklären Sie in Ihrem Kollegium, warum Sie die erbetenen Informationen haben wollen, und nutzen Sie das Formular als Protokoll.

Beispiel: Formular für ein Erstgespräch

Name, Vorname, Dienstbezeichnung (Kürzel):

Klassenleitung:

Stundendeputat:

Lehrer/-in seit: an der XY-Schule seit:

Mitarbeit in Gremien nach SchulG:

Mitarbeit in internen Gremien:

Sonstige Angaben

Besondere schulische Anliegen:

Persönliche Wünsche an den Schulleiter:
a) Förderung

b) Rücksichtnahme

c) Mitarbeit bei ...

Eigene Themen, Interessen, Fähigkeiten, Perspektiven,
die für die Schule bedeutsam werden könnten:

Das Gespräch wurde geführt am
von   bis

Die sonstigen Angaben werden vertraulich behandelt,
sie sind nur dem Schulleiter und seinem Stellvertreter
zugänglich. Die Lehrkraft erhält eine Kopie.

Datum	Unterschrift der Lehrkraft	Unterschrift des Schulleiters

37

Sie wollen nicht, dass es bei dem modischen Begriff der Zielvereinbarung bleibt, und wollen Vereinbarungen nicht mit Vorgaben gleichsetzen? Dann müssen Sie die Vereinbarung von Zielen in einen Prozess der gesamten Schulentwicklung einbetten. Es ist nur dann sinnvoll, individuelle Zielvereinbarungen zu treffen, wenn es gemeinsame „SMARTE" (Tipp 50) Ziele gibt. Wenn die Ziele der Schule geklärt sind, dann lässt sich daraus für jeden Einzelnen entwickeln, worin seine Verantwortung für das Gelingen dieser Zielsetzung besteht. Die ersten Kollegen, mit denen Sie Zielvereinbarungen treffen können, sind die Mitglieder der Schulleitung und weitere Funktionsträger.

❯ Tipp 50

Gleich mal ausprobieren

Beginnen Sie bei sich selbst. Betrachten Sie eines der drei wichtigsten Ziele Ihrer Schule für das kommende Jahr. Dies könnten so verschiedene Dinge sein wie die Aufsichtsregelung effizienter zu machen, die Zahl der Anmeldungen zu erhöhen oder eine Mensa zu bauen. Nun klären Sie mit sich (oder mit einem Coach) (Tipp 92), worin Ihre Aufgabe in dem Prozess zum Erreichen des Ziels besteht. Bedenken Sie, dass Sie nur begrenzte Ressourcen zur Verfügung haben – Sie können nicht alles selbst machen. Ihre Aufgabe ist es, Menschen in Bewegung zu bringen, zu motivieren, das Richtige zu tun. Sie können Mechanismen etablieren, Terminpläne erstellen, kontrollieren.

❯ Tipp 92

Bevor Sie sich Ihre Handlungen überlegen, klären Sie für sich, was das Ziel ist und woran Sie erkennen (messen) können, ob es erreicht wurde.

Gleich mal ausprobieren

Beispiele für Ziele des Schulleiters:
- Am 30. August 201x wird an einem Studientag die aktuelle Aufsichtsregelung kritisch gewürdigt und eine gerechte und wirksame künftige Aufsichtsregelung beschrieben.

> Am 31. Januar 201y existiert ein Zeit-/Maßnahmenplan, in dem die Verantwortlichkeit jeder Mitarbeitergruppe bei der Erstellung einer neuen Aufsichtsregelung beschrieben wird.

SOS-Tipp

Im schulischen Kontext ist die Zielvereinbarung ein noch sehr ungewohntes Instrument bei der Schulentwicklung. Es wird am Anfang Widerstand hervorrufen, da viele Lehrer sich mit ihren Aufgaben, die unmittelbar mit dem Unterricht zu tun haben, schon aus- bzw. überlastet fühlen. Für alle anderen Aufgaben – wie z.B. die gemeinsame Arbeit an konkreten Zielen – betrachten sie sich oft als nicht zuständig bzw. fühlen sich nicht in der Lage, diese zu bewältigen. Ebenso ist vermutlich die Bereitschaft, sich auf ein kontrollierbares Ziel zu einigen, nur begrenzt vorhanden, solange nicht klar ist, welche Konsequenzen es hat, das Ziel zu verfehlen. Auch wenn es anfangs holpert: Bleiben Sie beharrlich und üben Sie in verschiedenen Kontexten mit viel Geduld das Formulieren von Zielen.

LEHRER BERATEN

38

Einem Lehrer dürfen Sie keine Beratung aufdrängen, allenfalls anbieten. Sie sollten immer wieder den Lehrkräften Ihre Definition von Beratung deutlich und transparent darstellen. Nur so können Sie erreichen, dass sich ein Lehrer auch mal an Sie als erfahrenen Kollegen wendet, Sie um Rat bittet (Tipp 31). Eine Beratung lässt stärker als andere Gesprächssituationen dem anderen die freie Entscheidung, ob er Ihren Rat annimmt oder nicht. Eine Beratung ist nicht mal so nebenbei in einer Pause zu erledigen, sondern bedarf eines ungestörten, geschützten Raums (Tipp 27).

Lehrer und Schulleiter sind auch im Beratungsgespräch nicht völlig auf gleicher Augenhöhe; die Hierarchie der Schule bleibt immer spürbar. Achten Sie auch in dieser Si-

> Tipp 31

> Tipp 27

tuation genau auf Ihre Worte, nehmen Sie alle Anzeichen bewusst auf, die darauf hindeuten, dass der Kollege Sie anders versteht als Sie das meinen, indem er z. B. eine Anweisung oder auch nur einen Wunsch Ihrerseits herausliest (Tipp 29). Arbeiten Sie gemeinsam mit dem Lehrer auf mehrere Lösungen hin. Erläutern Sie ihm die Wirkungen und Folgen der verschiedenen Lösungen. Ermuntern Sie aber den Kollegen, die zu ihm passende Lösung auszuprobieren. Regen Sie auch unbedingt zu mehr Zusammenarbeit auf Augenhöhe an, zur Kooperation der Lehrer untereinander. Gerade die Lehrer einer Klasse, eines Jahrgangs oder eines Fachbereiches stehen oft vor den gleichen Herausforderungen und können viel gezielter als Sie kreativ nach Lösungen suchen, die sie dann auch gemeinsam koordiniert durchführen.

❯ Tipp 29

Zur Kooperation mit anderen Lehrern anregen

Achtung!

Rat wird vor allem bei Disziplinproblemen gesucht; in Wirklichkeit wird dann konkrete Unterstützung oder gar Verantwortungsabnahme erwartet: Man hofft, dass Sie sich der Sache annehmen, indem Sie als „Direktor" gegenüber den Schülern ein Machtwort sprechen. Da sollten Sie konsequent sein und darauf hinweisen, dass die Verantwortung für Disziplin und Lernfortschritt im Klassenraum (Tipp 56) beim Lehrer liegt und Sie nicht bereit sind, in dessen Zuständigkeit einzugreifen.

❯ Tipp 56

Der folgende Hinweis erleichtert dem Kollegen die Situation: „Unabhängig davon, wie hoch Ihr Anteil an dem Problem ist, für den sie verantwortlich sind – sei er 70 %, 30 % oder 5 % – es ist der einzige Teil, an den wir jetzt und hier direkt drankommen. Die Schüler können Sie nicht ohne Weiteres verändern, das wissen wir nur zu gut. Einverstanden, dass wir uns jetzt auf Ihren Anteil konzentrieren? Und mag er auch noch so klein sein." Der Lehrer kann seinen Anteil für sich als sehr gering einstufen, er wird aber bereit sein, darüber zu sprechen.

Gleich mal ausprobieren

In fünf Schritten können Sie gut beraten:

1. Helfen Sie dem Kollegen, sein Problem genau zu benennen. Ist es doch häufig so, dass das eigentliche Problem ganz woanders liegt als zunächst gedacht. Sobald Sie es gemeinsam aufschreiben, wird es meist klarer.

2. Nun konzentrieren Sie sich gemeinsam auf die Lösungssuche. Als Gesprächsführer fordern Sie weitere, auch abwegige Vorschläge, und unterbinden jegliche Bewertung. „Das habe ich doch schon alles probiert, nichts geht" hat hier nicht seinen Platz.

3. Erst wenn Ihnen beiden gar nichts mehr einfällt, trotz eines längeren gemeinsamen Schweigens, gehen Sie über zur Lösungsauswahl. Hat sich der Rat suchende Lehrer für einen Ansatz entschieden, bestärken Sie ihn darin.

4. Es folgt die Planung der Umsetzung. Lassen Sie den Kollegen festlegen, was bis wann durch wen passiert.

5. Fragen sie abschließend, wie der Lehrer die Veränderung kontrolliert („Woran werden Sie den Erfolg erkennen?").

Helfen Sie dem Lehrer, den Sie beraten, die ins Auge gefasste Lösung in den nächsten Tagen einmal auszuprobieren. Zeigen Sie ihm auch Wege auf, den Erfolg zu messen, und bitten Sie um Rückmeldung, wenn er es ausprobiert hat.

Auch hier gilt: Übung macht den Meister. Reflektieren Sie nach Beratungen einige Minuten, um sich so laufend zu verbessern.

ELTERNBESCHWERDEN ANNEHMEN

39

Eltern haben das Recht, sich zu beschweren, wenn sie mit Dingen in der Schule ihres Kindes unzufrieden sind, und Sie sind dann die Anlaufstelle. Selbst wenn Sie nur um Rat gefragt werden, geht es eher selten um die Erziehung oder das Lernen der Kinder; meist erhoffen sie sich dann von Ihnen Unterstützung bei der Durchsetzung ihrer Interessen gegenüber dem Lehrer ihres Kindes.

Allzu leicht geraten Sie hier in eine Zwickmühle. Den Eltern Recht zu geben kann zu einem nachhaltigen Zerwürfnis mit dem betroffenen Lehrer führen. Entsteht bei den Eltern dagegen der Eindruck, der Schulleiter gebe dem Lehrer unbesehen Rückendeckung, so wird dies dem Ruf der Schule schaden.

Mit Beschwerden können Sie professionell umgehen. Versetzen Sie sich in die Situation der Eltern und akzeptieren Sie deren Sicht der Dinge, ohne sie automatisch zu übernehmen oder gar gutzuheißen. Auch hier kann gezieltes Rückfragen („Verstehe ich Sie richtig, dass …") viel zur Klärung der Elternposition beitragen. Fassen Sie diese abschließend unbedingt zusammen und erklären sie als eine Sicht des Sachverhaltes. Kündigen Sie an, dass Sie sich nun beim Lehrer nach dessen Einschätzung erkundigen. Möglicherweise werden Sie ein weiteres Gespräch zwischen den Eltern und dem Lehrer vorschlagen. Wenn erforderlich, wird ein Mitglied der Schulleitung das Gespräch moderieren.

Sicht der Eltern akzeptieren

Falls nötig: moderiertes Gespräch einleiten

SOS-Tipp

Machen Sie beiden Parteien die Rolle des Moderators im Gespräch klar: Dieser stellt eine dritte Partei dar, die keinen Konfliktanteil hat. Es handelt sich hier nicht um eine Mediation im strengen Sinne, aber es soll versucht werden, zu dritt eine Lösung zu finden.

Gleich mal ausprobieren

Erläutern Sie allen beteiligten Parteien einzeln:
- Ein Mitglied der Schulleitung wird ein Vermittlungsgespräch moderieren mit dem Ziel der Einigung und einer Verabredung für die Zukunft.
- Sie haben ein Interesse an einer Klärung und schließlich einer Einigung in der Schule.
- Sollte keine Klärung bzw. Einigung gelingen, werden Sie entscheiden (falls es etwas zu entscheiden gibt).
- Den Eltern bleibt dann immer noch der Weg des förmlichen Widerspruchs bei der Schulaufsicht.

Nehmen Sie Elternbeschwerden grundsätzlich ernst, auch wenn sie allgemein und wenig nachprüfbar sind wie:

- „Der Lehrer übersieht Meldungen meines Kindes."
- „Andere haben für die gleiche Leistung bessere Noten."
- „Es geht im Unterricht von Herrn X drunter und drüber."

Eltern sind nicht an den Dienstweg gebunden und es gibt durchaus Eltern, die sich gleich beim Kultusminister, dem Landtagsabgeordneten, mindestens aber beim Landrat oder Schulamt beschweren. Gerechtfertigt oder nicht, es macht Ihnen viel Arbeit. Ein gutes Beschwerdemanagement an Ihrer Schule hilft, solches Vorgehen zu vermeiden.

Hat der Lehrer wirklich Fehler gemacht, so sollten Sie an einem gesonderten Termin, ggf. in Zusammenarbeit mit dem Personalrat, mit ihm darüber sprechen (Tipp 75–77). Sorgen Sie zudem dafür, dass alle Mitglieder der Schulleitung durch gezielte Fortbildung mittelfristig zu Experten für solche Gespräche werden.

❯ Tipp 75–77

SICH ALS MEDIATOR EINSCHALTEN

40

Kollege A teilt Ihnen mit, mit Kollegen B nicht in derselben Klasse zusammenarbeiten zu können. Da gebe es Verletzungen, die in einer früheren Konfliktsituation durch B entstanden und nicht verheilt seien. Ihre Forderung an A, das mit B professionell zu klären, entgegnet A, dass Sie ja mal versuchen könnten, zwischen A und B „zu vermitteln" und eine Mediation durchzuführen.

Eine Mediation kann nur funktionieren, wenn sie von beiden Konfliktparteien ausdrücklich gewollt ist, und Sie können nur als Mediator fungieren, wenn beide Konfliktparteien ausdrücklich wollen, dass Sie das machen. Werden Sie sich klar über die Rolle des Mediators: Er ist kein Richter, sondern der Neutrale, der beiden Parteien hilft,

Rolle des Mediators

- die vorhandenen Verletzungen einer Heilung zuzuführen,
- die Gemeinsamkeiten und Differenzen herauszuarbeiten,

= die zugrunde liegenden Interessen aufzudecken und
= zu einer tragfähigen Verhaltensvereinbarung zu kommen.

Für die Erarbeitung der Lösung sind die beiden Parteien verantwortlich!

Achtung!

Der Prozess kann sehr aufwendig sein – überlegen Sie also genau, ob Sie diese Aufgabe überhaupt übernehmen können und wollen.

Sie können von Ihren Kollegen erwarten, dass sie professionell und erwachsen miteinander umgehen. Dazu gehört auch, dass sie sich über ihre Probleme selbstständig verständigen. Deshalb ist es für die Schule als System häufig viel wichtiger, darüber zu sprechen, weshalb die Kollegen sich nicht in der Lage sehen, ihre Probleme ohne Mediator zu lösen: „Helfen Sie mir zu verstehen, weshalb Sie als erwachsene Kollegen diese Probleme nicht selbstständig bearbeiten können." Hören Sie bei den Antworten genau und aktiv zu (Tipp 29)! Daraus ergeben sich häufig Punkte, um die Sie sich wirklich kümmern müssen. ❯ Tipp 29

Achtung!

Bedenken Sie auch, welche Situation entstehen kann, wenn die Mediation nicht erfolgreich ist. Seien Sie deshalb zurückhaltend mit der Rolle des Mediators zwischen Kollegen – und lassen das eher einen anderen Kollegen oder einen externen Coach machen. Sie bleiben damit klar in der Rolle der letzten Entscheidungsinstanz an der Schule – und können dann viel einfacher aus dieser Rolle heraus die ggf. notwendige Entscheidung zugunsten des einen oder des anderen treffen (Tipp 55). ❯ Tipp 55

Beachten Sie: Sitzen Lehrer und Eltern vor Ihnen, bleiben Sie trotzdem immer auch der fürsorgepflichtige Vorgesetzte des Lehrers. Das steht im Konflikt mit Ihrer „Neutralität": Mediator können Sie hierbei nicht sein!

41

Eine Haltung entwickeln

Das regelmäßige Lesen pädagogischer Fachliteratur ist ebenso erforderlich wie das Verfolgen aktueller Themen in der Tagespresse. Sie kommen nicht umhin, zu schulrelevanten Themen eine Haltung zu entwickeln – selbst wenn es die ist: „Das ist für meine Schule nicht relevant". Es ist wichtig, in der Debatte über bildungspolitische Themen über das Stammtischniveau hinauszugehen und kritische Abwägungen vorzunehmen. Ein Schulleiter, der immer im Mainstream schwimmt, aber letztendlich nichts unternimmt, wird – zu Recht – irgendwann nicht mehr ernst genommen.

Gleich mal ausprobieren

Notieren Sie sich zwei zurzeit wichtige bildungspolitische Themen (z.B. Inklusion und Sitzenbleiben):
- Über welches Sachwissen verfügen Sie?
- Was sagt Ihre politische Führung zu diesen Themen?
- Wie denken kritische Begleiter (z.B. Gewerkschaften, Parteien) darüber?
- Welche Bedeutung hat das Thema für Ihre Schule?
- Welche eigene Haltung haben Sie zu dem Thema?

Stellen Sie die Antworten auf diese Fragen in einem Kurzvortrag für das Kollegium/die Elternvertretung zusammen.

❯Tipp 93
❯Themen diskutieren

Sorgen Sie dafür, dass Sie in einem Netzwerk (Tipp 93) Gelegenheit haben, über solche Themen zu diskutieren und Ihre Meinung zu schärfen.

Um die Ecke gedacht

In einer Atmosphäre der ständigen Veränderung kann es hilfreich sein, statt abzuwarten, was von oben kommt, frühzeitig in die Offensive zu gehen und Prozesse mitzugestalten. Die Wirkung in der eigenen Schule kann verblüffend sein. Je früher Sie mit etwas beginnen, das ohnehin ansteht, desto mehr können Sie experimentieren und ❯Tipp 25 die unvermeidlichen Fehler machen (Tipp 25).

42

Laufen Sie mit offenen Augen und Ohren durch die Welt der Bildung. Greifen Sie Ideen auf, die in Ihrer Umgebung (u. a. in Ihrem Kollegium) und der bildungspolitischen Diskussion geäußert werden, und prüfen Sie, welche davon mit Ihrer Haltung übereinstimmen. Daraus entwickelt sich Ihre Vision, und die muss von Ihnen vorgetragen werden.

Gleich mal ausprobieren

Machen Sie – am besten mit ein paar Gleichgesinnten oder Ihrem Schulleitungsteam und evtl. von einer außenstehenden Person angeleitet – eine Traumreise. Gehen Sie in Gedanken durch Ihre Schule in fünf Jahren. Nehmen Sie sich drei Durchgänge vor:

- morgens ca. eine halbe Stunde vor Unterrichtsbeginn
- mittags während des Unterrichts- und ggf. Freizeitbetriebs
- nachmittags/abends nach Unterrichtsschluss

Stellen und beantworten Sie sich Fragen wie z. B.:

- Wie sieht das Gebäude aus?
- Wie ist die Stimmung?
- Wem begegne ich, an welchen Orten sind Schüler, Eltern, Lehrkräfte, Gäste?
- Wie gehen die Menschen miteinander um?
- Wie wird gelernt?

Orientieren Sie sich bei der Entwicklung von Visionen an Vorbildern (z. B. an den Gewinnern des Deutschen Schulpreises). Setzen Sie sich mit Qualitätskriterien auseinander und beginnen Sie, diese in Ihrer Schule zu diskutieren. Besuchen Sie Schulen (Tipp 47), die etwas Besonderes machen, und/oder schicken Sie Kollegen dorthin.

Orientierung an Vorbildern

❯ Tipp 47

Achtung!

Sie brauchen für die Äußerung von Visionen Gleichgesinnte. Fangen Sie mit Ihrem Leitungsteam an, wenn Sie das Gefühl haben, miteinander vertraut zu sein.

SOS-Tipp

Machen Sie mit ein paar Menschen, die Ihnen gegenüber loyal und ehrlich sind, den „Lächerlichkeitstest". Wenn Sie diesen Menschen von Ihrer Vision erzählen und Sie ernten überwiegend Gelächter oder auch nur ein mildes Lächeln, dann ist es noch nicht soweit ...

43 BEWÄHRTES SCHRIFTLICH FESTHALTEN

In jeder Schule gibt es Routinen, die oft nur nonverbal tradiert werden. Sie machen das Organisationsgedächtnis aus, das jeder leider anders im Kopf hat. Erst wenn sich mal ein neuer Kollege traut, nachzufragen, warum das eine oder andere so gemacht wird, stellt man im günstigsten Fall fest, dass das nicht mehr bewusst ist. Im ungünstigsten Fall wird eine Verteidigungsstrategie entwickelt („Das haben wir schon immer so gemacht.").

Routinen erleichtern das Leben – wenn sie schriftlich fixiert werden, sind sie z. B. Neulingen leichter zu vermitteln, aber auch leichter zu überprüfen. Letzteres sollte ohnehin regelmäßig geschehen, da sich die Verhältnisse, unter denen Routinen entstanden sind, verändern. Die Lösungen von gestern sind die Probleme von heute!

Routinen überprüfen

Gleich mal ausprobieren

Machen Sie sich an den folgenden Beispielen die routinierten Abläufe an Ihrer Schule bewusst:

- Elternsprechtag
- Tag der offenen Tür
- Reaktion der Schule auf eine gewalttätige Auseinandersetzung zwischen Schülern

Notieren Sie, wie die Routine bei Ihnen abläuft, und besprechen Sie dies mit Ihren Mitarbeitern. Hier ist auch die Rolle des Sekretariats gefragt (wer lädt ein, wer macht Gewaltmeldungen ...?).

Es ist eine lohnende Aufgabe, im Laufe von ein bis zwei Jahren sämtliche Routinen der Schule in einem Handbuch mit dem Titel „So machen wir das" zu sammeln. Dies könnte jedem neuen Kollegen ausgehändigt und auf der Homepage veröffentlicht werden. Finden Sie Verantwortliche für die einzelnen Kapitel und bedenken Sie: Es ist entscheidend, einen Anfang zu machen, die Vervollkommnung der Texte kann in einer zweiten Phase, ggf. auch an einem Studientag erfolgen.

Handbuch anlegen

Achtung!

Die schriftliche Fixierung von Routinen schafft zweifellos Vorteile. Insbesondere werden Prozesse dadurch verbindlicher – gerade dies könnte allerdings auch Widerstände hervorrufen, weil manche Leser bestimmte Verfahrensschritte (wie die Anhörung von Personen oder Gremien vor einer Entscheidung), die im Alltagsgeschäft gerne mal unter den Tisch fallen gelassen werden, einfordern werden. Werben Sie für diese Verbindlichkeit! Ein Handbuch, in dem man Informationen zur Vorgehensweise in verschiedenen Situationen (gerade auch in solchen, die nicht häufig vorkommen) nachlesen kann, bietet schließlich eine große Hilfe. Verfahrensfehler sind lästig, peinlich und haben zudem bei bedeutsamen Abläufen auch juristische Folgen.

UNTERRICHTSBESUCHE VORBEREITEN

44

Ein Schulleiter hat jederzeit das Recht, (auch unangekündigt) den Unterricht der Lehrer an seiner Schule zu besuchen. Dass dies oft nicht geschieht, hängt zum einen sicherlich mit einem Mangel an Zeit zusammen; zum anderen aber auch damit, dass der Schulleiter dem Protest mancher Lehrer, die sich durch solche Besuche kontrolliert fühlen, lieber aus dem Weg gehen will.

Achtung!

Unterrichtsbesuche des Schulleiters sind meist unpopulär, weil sie die Kollegen an eine als oft unwürdig empfundene Ausbildungssituation erinnern. Achten Sie also von vornherein darauf, möglichst wenig dieser Erinnerungen wachzurufen.

Es geht beim Unterrichtsbesuch in der Regel nicht um eine Bewertung (es sei denn, Sie sind im Rahmen einer dienstlichen Beurteilung dazu verpflichtet, und dann sollte dies auch kenntlich gemacht werden), sondern um das Kennenlernen von Lehrkräften in ihrem Berufsalltag und langfristig um die Verbesserung der Unterrichts- und Lernqualität. Unter diesem Aspekt ergeben sich Maßnahmen für die Vorbereitung.

Ziel: Verbesserung der Lernqualität

Gleich mal ausprobieren

Tragen Sie die Absicht in einem vertrauten und wohlgesonnenen Kreis vor und probieren Sie aus, wie Besuch und Gespräch „ankommen". Lassen Sie sich ein Feedback geben und modifizieren Sie ggf. Ihr Vorgehen. Wenn Sie einigermaßen sicher sind, dass Sie eine angemessene Vorgehensweise gefunden haben, sorgen Sie dafür, dass es sich im Kollegium herumspricht, wie diese Besuche bei Ihnen ablaufen.

In einem Brief an das Kollegium kündigen Sie zunächst Ihr Vorhaben an. Beschreiben Sie den Zweck Ihres Besuches und benennen Sie die Beobachtungskriterien, über die das Gespräch geführt werden soll, sowie die Auswahlkriterien für die Reihenfolge.

Anzahl der Besuche kalkulieren

Je ungewohnter Unterrichtsbesuche an Ihrer Schule sind, umso wichtiger ist gerade am Anfang eine gute und transparente Planung. Kalkulieren Sie, wie viele Unterrichtsbesuche Sie sich pro Woche zumuten wollen und können. Einer sollte es schon sein, aber ob Sie zwei oder gar drei durchschnittlich schaffen, hängt auch von den sonstigen Belastungen ab.

Um die Ecke gedacht

Eine anstehende Sanierung des Schulgebäudes ist sicher nicht die geeignete Situation für einen Start in die neue Schulkultur „Schulleiter besucht uns regelmäßig am Arbeitsplatz Unterricht", dazu sind Sie, sind alle in einer solchen Phase zu sehr belastet. Doch weder die Schulinspektion noch eine Projektwoche sollten Sie von dem Vorhaben abbringen.

Das Schuljahr hat realistisch 33 bis 35 Unterrichtswochen, so dass Sie sich ausrechnen können, wann Sie „einmal durch" sind. An kleineren Schulen wird das schon in einem Jahr, an größeren in bis zu zwei Jahren zu schaffen sein. Längere Intervalle entfernen sich für den einzelnen Lehrer zu sehr von „regelmäßig" und machen die Unterrichtsbesuche wieder zu seltenen, singulären Ereignissen. Da Sie zudem die Unterrichtsentwicklung beobachten wollen, sollte schon deshalb die Länge eines Durchgangs nicht zu groß sein.

Auf Transparenz achten

Transparent geregelt sein muss auch, wie die Termine zustande kommen. Geben Sie zunächst den „Mutigen" die Möglichkeit, Termine freiwillig zu wählen. Legen Sie aber auch fest, ab wann Sie die restlichen Termine setzen.

Gleich mal ausprobieren

Berechnen Sie, wie viel Zeit Sie insgesamt für einen Unterrichtsbesuch benötigen werden. Die Unterrichtsstunde hat

> 45 Minuten, für den An- und Abweg brauchen Sie vielleicht 10 Minuten, für die eigentliche Besprechung 30 Minuten; zusammen sind das 75 Minuten. Halten Sie diese Zeiten konsequent ein, in Ihrem Interesse und dem des besuchten Kollegen!

Auch wenn Sie Ihr Vorhaben in Konferenzen ausführlich dargestellt und geduldig alle kritischen Fragen beantwortet haben, so treten Sie doch bei der konkreten Ankündigung eines Unterrichtsbesuches stets an den einzelnen Lehrer heran. Verzichten Sie deshalb nie auf die schriftliche Ankündigung.

Unterrichtsbesuche durchführen

46

Nicht nur die vorherige Ankündigung eines Unterrichtsbesuches ist zumindest in der Eingewöhnungszeit angemessen, sondern auch der Verzicht auf einen umfassenden schriftlichen Unterrichtsentwurf. Sie können darum bitten, im Vorhinein Besonderheiten zu der Klasse oder dem Unterrichtsvorhaben mitgeteilt zu bekommen, um eine Stunde besser verstehen zu können oder Ihr Augenmerk auf interessante Aspekte zu lenken, die Ihnen sonst entgehen würden. Vertrauen Sie aber hier mehr auf Ihre zunehmende Beobachtungsgabe. Nach dem zehnten Besuch sehen Sie schon sehr schnell, was alles geschieht und was nicht. Selbst in einer Unterrichtsstunde in einer Ihnen fremden Sprache können Sie die wesentlichen Elemente erkennen. Was Sie nicht verstanden haben, können Sie ja im Gespräch erfragen.

Beobachtungs-aspekte bekannt geben

Die unten stehenden Beobachtungsaspekte könnten Sie und die Lehrkraft durch das Gespräch leiten, vorausgesetzt, Sie haben diese in dem Einladungsschreiben bekannt gegeben. Aspekte dieser Art sorgen auch dafür, dass Sie nicht in eine traditionelle „Stundenbesprechung" verfallen. Die besuchte Stunde sollte nur der „Aufhänger" für das Gespräch sein, nicht der eigentliche Anlass.

Klassenklima
- Umgang der Lehrkraft mit den Schülern
- Bedeutung, Akzeptanz und Umgang von Regeln
- Umgang der Schüler miteinander

Umgang mit Heterogenität
- bezüglich der Leistungsfähigkeit
- bezüglich unterschiedlicher Lernwege

Methodenkompetenz der Schüler
- fachbezogene Kompetenzen
- Lernkompetenzen

Lernzuwachs bewusst und erkennbar
- Anknüpfung an Vergangenes
- kurz- und langfristige Ziele transparent und erkennbar

Mögliche Beobachtungsaspekte

Gleich mal ausprobieren

Besprechen Sie diese Aspekte unbedingt zuerst mit Ihnen vertrauten Personen. Modifizieren Sie diese ggf. entsprechend Ihrer Schulkultur. Probieren Sie das Protokollieren und die Gesprächsführung vorher mehrmals aus.

Protokollieren Sie Ihre Beobachtungen und geben Sie der Lehrkraft eine Kopie Ihrer Notizen. Sie sollten dort auch getroffene Vereinbarungen festhalten. Dies kann bedeuten, etwas Neues auszuprobieren, sich mit einem relevanten Text auseinanderzusetzen, ein Thema in die Fachkonferenz einzubringen oder eine Fortbildung zu besuchen. Beim nächsten Gespräch können Sie gemeinsam mit der Lehrkraft feststellen, ob bzw. was sich bereits verändert hat.

Vereinbarungen schriftlich festhalten

SOS-Tipp

Es wird Ihnen möglicherweise passieren, dass Lehrer gleich zu Beginn des Gespräches Rechtfertigungen für evtl. vorhandene Schwachstellen der Stunde vortragen. Unterbinden Sie dies möglichst frühzeitig, um nicht in ein altes Besprechungsmuster zu verfallen. Verdeutlichen Sie der Lehrkraft und sich selbst immer wieder die Zielsetzung des Unterrichtsbesuches: Wertschätzung der geleis-

> teten Arbeit und Austausch über die Qualität von Unterricht. Schulziel ist die permanente Verbesserung der Unterrichtsqualität.

Beginnen Sie das Gespräch nicht mit der Aufforderung an die Lehrkraft, selbst etwas zu der Stunde zu sagen – das gehört in die Vergangenheit und kostet auch zu viel Zeit. Geben Sie stattdessen direkt ein Feedback. Benennen Sie die Aspekte, die Sie besprechen wollen, auch das Positive. Fragen Sie nach den Aspekten, die der Kollege besprechen will. Verzichten Sie auf kleinliche Kritik und leiten Sie zu den o. g. Aspekten über, indem Sie Fragen stellen oder konkrete Rückmeldungen geben: „Besonders beeindruckend fand ich …" „Ich habe nicht ganz verstanden, warum Sie …" „Woran erkennen Sie, dass … ?"

IN ANDEREN SCHULEN HOSPITIEREN

47

Über den Tellerrand sehen

❯ Tipp 18

Schauen Sie als Schulleiter häufiger über den eigenen Tellerrand hinaus. Für ein geschultes Auge bieten andere Schulen eine Fundgrube an Anregungen. Konsequenterweise müssen Sie natürlich auch Ihre eigenen Türen öffnen (Tipp 18). Das systematische Erkunden anderer Schulen/Betriebe sollte Teil der Kultur Ihrer Schule werden. Beauftragen bzw. ermutigen Sie die Lehrer, sich gegenüber Kollegen anderer Schulen aufgeschlossen zu zeigen – sowohl als Besucher als auch als Besuchte.

Gleich mal ausprobieren

Sammeln Sie Fragen, die Sie beschäftigen und die andere möglicherweise beantworten können:

❯ Tipp 39

- Wie gehen Sie mit Beschwerden von Eltern um (Tipp 39)? Und warum gerade so?
- Wie werden neue Mitarbeiter eingeführt? Und warum gerade so?

- Wie organisieren Sie die ständige Weiterqualifizierung der Mitarbeiter? Und wovon lassen Sie sich dabei leiten?

Sammeln Sie Antworten, die Sie auf diese Fragen geben würden, z. B.:

- Mit Konflikten gehen wir ... um, weil ...
- Die Stundenplanung organisieren wir ... und erreichen damit, dass ...
- Neuigkeiten veröffentlichen wir ... und sichern durch ... eine angemessene Diskussion.

Für eine erfolgreiche Erkundung ist es erforderlich,

- sich Zeit zu nehmen (Wann im Schuljahr ließe es sich einrichten?),
- eine Fragehaltung zu entwickeln und diese vorher mit den Gastgebern zu klären,
- Spielregeln der Rückmeldung mit dem Gastgeber zu vereinbaren (Wer bekommt welche Rückmeldung?),
- die Berichterstattung in der eigenen Schule zu organisieren.

Achtung!

Geben Sie Ihren Gastgebern unbedingt ein Feedback dazu, was der Besuch bei Ihnen bewirkt hat. Seien Sie bereit, etwas zu entdecken, was nicht nur anders ist als bei Ihnen, sondern auch besser. Melden Sie Beobachtungen, die Ihnen weniger gefallen haben, nur auf Nachfrage zurück. Sie sind/waren der Gast!

VERANTWORTUNG TRAGEN ALLE

48

Dass Sie als Schulleiter Verantwortung tragen, wissen alle. Leider werden Sie schnell für alles verantwortlich gemacht, vor allem dann, wenn etwas nicht funktioniert: Das reicht vom tropfenden Wasserhahn bis zur Disziplinlosigkeit gewisser Klassen, von den Krisen bis zum Ruf der Schule. Das entlastet die Lehrer und verschafft ihnen Entspannung.

Doch so kann eine gute Schule nicht funktionieren. In einer guten Schule hat jeder seine Aufgabe(n) und trägt dafür auch die Verantwortung. Für den tropfenden Wasserhahn ist der Hausmeister zuständig, er trägt die Verantwortung für die Reparatur und möchte sicher nicht, dass der Schulleiter ihm das abnimmt. Für die Disziplin im Unterricht trägt der Lehrer die Verantwortung, da hat sich der Schulleiter nicht einzumischen. Sollte es da unterschiedliche Auffassungen geben, ist die Zuständigkeit und Verantwortlichkeit klarzustellen.

Zuständige sind Verantwortliche

Neben dem Unterricht gibt es eine Fülle von Aufgaben, die zu erledigen sind und zum erfolgreichen Funktionieren der Schule beitragen. Übertragen Sie eine Aufgabe einem Lehrer oder – was natürlich immer besser ist – übernimmt er eine Aufgabe von sich aus, so übernimmt er auch dafür die Verantwortung. Sagen Sie ihm das so, dass es als Anerkennung und Aufwertung verstanden wird und nicht als lästige Pflicht. Da in einer guten Schule alle Aufgaben gut zu bearbeiten sind, ist eine Wertung in „wichtig", „wichtiger", „besonders wichtig" usw. überflüssig. Betonen Sie das bei jeder Gelegenheit, besonders beim Dank an alle am Schuljahresende.

Aufgaben nicht werten

Beispielaufgaben für Lehrer

- Jahrgangssprecher 10
- Klassenleitung 10d
- Fachbereichsleitung Arbeitslehre
- Klassenleitung 6d
- Datenschutz
- Verkehrserziehung
- Fachbereichsleitung Englisch
- Klassenleitung 9k
- Steuerungsgruppe
- Personalrat
- Betreuung der Mediothek
- Gemeinsamer Unterricht
- Klassenleitung 9b
- Fachbereichsleitung Gesellschaftslehre

Gleich mal ausprobieren

Stellen Sie eine Liste aller Verantwortlichkeiten auf und verteilen Sie diese im Kollegium. Beginnen Sie am besten mit den Aufgaben, für die es bereits Verantwortliche gibt. Ergänzen Sie die Liste mit weiteren Aufgaben und weisen Sie in einer Konferenz darauf hin. Sprechen Sie auch gezielt Lehrer an. Erst wenn jeder seinen Teil beigetragen hat, gilt der Ausdruck „wir und unsere Schule".

KONSENS ÜBER QUALITÄT HERSTELLEN

49

Alle wollen Qualität verbessern – nur nicht bei sich selbst. Dies gilt in der Schule genauso wie in jedem anderen Betrieb auch. Beginnen Sie damit, deutlich zu machen, an welcher Stelle Sie persönlich Ihre Arbeit verbessern werden. Erst dann sagen Sie, was Sie von Ihren Mitarbeitern erwarten. Verlangen Sie in jeder Qualitätsdiskussion den Anteil „ich werde ..." und warnen Sie vor „man müsste ...".

Bei sich selbst anfangen

Die zentrale Frage der Qualität ist die nach der Qualität des Unterrichts oder genauer: „Wie wird an unserer Schule gelernt?"

Achtung!

Die Frage nach der Qualität des Lernens ist nicht Ansichtssache, sondern bedarf der Konsensbildung im Kollegium. Sie kann auch nicht fernab von wissenschaftlicher Erkenntnis erfolgen. Die Kompetenz eines Kollegiums kann und muss genutzt werden, um eine Diskussion zu führen und ein nach außen vertretbares Ergebnis zu erzielen.

Führen Sie offensiv eine Diskussion über Lernen und guten Unterricht, laden Sie sich ggf. Experten dazu ein. Das setzt natürlich voraus, dass Sie selbst auch auf der Höhe der Diskussion sind (Tipp 41). Animieren Sie Ihr Kollegium (sofern es nicht ohnehin dazu verpflichtet ist), sich Rückmeldungen

Diskussion über guten Unterricht führen

›Tipp 41

über die eigene Arbeit von Schülern geben zu lassen. Verwenden Sie professionell entwickelte Fragebögen – diese machen deutlich, was von Lehrern erwartet werden kann und ob diese Erwartungen erfüllt bzw. von Schülern wahrgenommen werden (z. B. das Selbstevaluationsportal der Länder Berlin-Brandenburg[1]).

Selbstevaluationsportal

Um die Ecke gedacht

Bieten Sie Ihrem Kollegium eine wissenschaftlich fundierte Rückmeldung Ihrer eigenen Arbeit an, wie sie in dem oben erwähnten Selbstevaluationsportal angeboten wird.

GEMEINSAM ZIELE ENTWICKELN

50

Viele Kollegen haben keine bestimmten Ziele und wissen überhaupt auch mit dem Begriff wenig anzufangen. Ihnen geht es nur darum, den Alltag zu bewältigen. Die Sensibilisierung für die Notwendigkeit, sich Ziele zu setzen und diese sorgfältig zu formulieren, gehört zu einer Ihrer wichtigsten Führungsaufgaben. Eine Akzeptanz kann nur dann entstehen, wenn die Zuversicht wächst, dass die gemeinsam entwickelten Ziele sinnvoll sind und erreicht werden können. Dazu gehört außerdem noch eine gemeinsame Strategie (Tipp 51).

❯ Tipp 51

Achtung!

Oft wird in Entwicklungsprozessen kein Unterschied zwischen Zielen und Maßnahmen gemacht. So wird auf einen vermeintlichen Missstand gleich mit einem Lösungsangebot reagiert. Es ist Ihre Aufgabe, in einem vielleicht mühsamen Prozess immer wieder darauf zu bestehen, zunächst Ziele zu formulieren und dann erst über mögliche Maßnahmen zum Erreichen dieser Ziele nachzudenken (Tipp 38).

❯ Tipp 38

---

1 https//:www.sep.isq-bb.de, letzter Zugriff am 08.10.2013

Für die Formulierung von Zielen wird häufig das Akronym SMART (hier die Variante des Instituts Beatenberg[2]) verwendet. Die Ziele sollen dabei folgende Eigenschaften haben:

- **S**pezifisch
- **M**essbar
- **A**usführbar
- **R**elevant
- **T**erminiert

Das Ziel beschreibt den vorweggenommenen Zustand zu einem festgelegten Zeitpunkt. Eine solche Formulierung erfordert viel Zeit und Genauigkeit.

Gleich mal ausprobieren

Üben Sie Zielformulierungen zunächst im vertrauten Kreis, ggf. zusammen mit einem Experten (Tipp 92). Schreiben Sie ein Ziel auf eine Tafel und präzisieren, formulieren Sie so lange, bis die Kriterien zweifelsfrei erfüllt sind.

❯ Tipp 92

Um die Ecke gedacht

„Wenn man nicht weiß, wo man hin will, ist kein Weg der richtige." Dieser Satz von Mark Twain verdeutlicht, welche große Bedeutung der Zielformulierung zukommt und warum oft in Institutionen nichts vorankommt.

GEMEINSAM STRATEGIEN ENTWICKELN

51

Die Zuversicht, ein Ziel (Tipp 50) auch erreichen zu können, entsteht erst dann, wenn der Weg dorthin überschaubar ist. Nutzen Sie „Werkzeuge", um erfolgreiche Strategien zu entwickeln wie z. B. ZIBLED (in Anlehnung an „ZILED" von E. de Bono [1996]: „Die neue Denkschule").

❯ Tipp 50

---

2 http://www.institut-beatenberg.ch/images/pdf/layout/layout.pdf, letzter Zugriff am 08.10.2013

Mithilfe des Akronyms ZIBLED wird ein Prozess beschrieben. Ihre Aufgabe als Führungskraft ist es, die nötige Disziplin zunächst bei sich selbst und Ihrem engeren Kreis zu entwickeln. Sie ist erforderlich, um gegen Gewohnheiten und den vermeintlichen Zeitmangel angehen zu können.

Ziel	Beschreibt den angestrebten Zustand
Information	Nennt alle Informationen, die über den jetzigen Zustand bekannt sind (Ist-Analyse, Bestandsaufnahme)
Bewertung	Beschreibt, wie der jetzige Zustand empfunden wird (mit dem Werkzeug PMI und einer Punktabfrage) (Tipp 57)
Lösungen	Hier ist „Masse statt Klasse" gefragt. Alle möglichen, auch unkonventionellen Problemlösungen werden zunächst „unzensiert" gesammelt, z.B. mit dem Werkzeug PMI oder einer Punktabfrage.
	Die Betrachtung der ersten vier Aspekte wird so lange durchgeführt, bis sie in sich stimmig sind. Manchmal wird ein Ziel erst dadurch klar, dass man die Ist-Analyse durchgeführt hat oder einschätzen kann, welche Aspekte als veränderungs- bzw. erhaltenswürdig erscheinen.
Entscheidung	Erst jetzt wird entschieden, welcher Lösungsweg am besten zum angestrebten Ziel passt. (Dies entspricht in herkömmlichen Prozessen oft dem ersten Schritt.)
Durchführung	Hier entsteht ein Zeit- und Maßnahmenplan, der vor allem mit Terminen und Verantwortlichkeiten versehen werden muss – sonst passiert vermutlich nichts.

❯ Tipp 57

Gleich mal ausprobieren

Nehmen Sie sich ein aktuelles Problem vor und führen Sie gemeinsam mit Ihrem Leitungsteam oder der Steuerungsgruppe das Verfahren durch.

Achtung!

Es wird eine lange Zeit dauern, bis ein solches Werkzeug im Kollegium akzeptiert ist. Ihre Beharrlichkeit wird auf eine harte Probe gestellt – da müssen Sie sich Ihrer Sache sehr sicher sein. Hilfreich dabei ist, wenn Sie in Schulleiternetzwerken (Tipp 93) darüber diskutieren.

❯ Tipp 93

ERGEBNISSE ÜBERPRÜFEN

52

Der Begriff Evaluation ist in Lehrerkreisen zum Unwort geworden. Interessanterweise taucht allerdings bei unpopulären Maßnahmen der Schulleitung gerne mal der Wunsch auf, dass diese ja auch evaluiert werden müssten. Begegnen Sie diesem Widerspruch mit Ernsthaftigkeit.

Überprüfen kann man nur etwas, was man vorher genau beschrieben hat. Die Evaluation einer Maßnahme beginnt daher bei der genauen Zielformulierung (Tipp 50).

❯ Tipp 50
Entscheidungen auf Wirksamkeit überprüfen

Es ist sinnvoll, wichtige Entscheidungen regelmäßig auf ihre Wirksamkeit zu überprüfen. Leider ist dies leichter gesagt als getan. Bei der Wahl geeigneter Instrumente wird gerne vergessen, was das eigentliche Ziel einer Maßnahme ist.

Allerdings ist es ja oft schon interessant zu wissen, ob eine geplante komplexe Maßnahme überhaupt bis zum Ende durchgeführt wurde. Insofern ist ein wichtiges Evaluationsinstrument die Dokumentation mit (Zwischen-)Ergebnissen, Terminen, Verantwortlichkeiten usw.

Dokumentation

Achtung!

Vermeiden Sie, jemanden ohne dessen Zustimmung als verantwortlich (Tipp 48) für eine Aufgabe zu benennen. Und wenn eine Person eine Aufgabe übernommen hat, ist es nicht nur eine Frage des guten Tons, sondern erhöht auch die Chancen der Umsetzung, wenn möglichst genau beschrieben wurde, was bis zu welchem Termin erreicht sein muss.

❯ Tipp 48

Messbarkeit des
erreichten Ziels

Machen Sie sich zumindest im Führungsteam zu Beginn von Entwicklungsprozessen sehr genau klar, woran Sie erkennen können, dass ein Ziel erreicht wurde. Erkennen bedeutet, beobachtbare Merkmale wahrzunehmen.

Unterscheiden Sie deutlich, ob Sie feststellen wollen, dass vereinbarte Maßnahmen ergriffen wurden oder dass die erwünschte Wirkung erzielt wurde.

Gleich mal ausprobieren

Das Kollegium wünscht sich die Einrichtung eines Lehrercafés, um mal entspannen und in Ruhe kollegiale Gespräche führen zu können. Notieren Sie:

- Welche für die Entwicklung der Schule bedeutsamen Ziele könnten damit erreicht werden (z.B. größere Präsenz von Lehrkräften, mehr Arbeitszufriedenheit ...)?
- Welche Wirkung haben diese Ziele auf die Qualität des Lernens?
- Wer könnte wofür die Verantwortung übernehmen?
- Bis wann sollen die Ziele erreicht werden?
- Wodurch wird die Zielerreichung („Entspannung" und „kollegiale Gespräche in Ruhe") gemessen?
- Welche Maßnahmen sind erforderlich (u.a. Ressourcen beschaffen)?

Nun denken Sie darüber nach, wie Sie das Erreichen dieser Teilziele überprüfen können.

Die mindestens ebenso relevanten Ergebnisse, die der Überprüfung bedürfen, sind die Ergebnisse des Unterrichtens und Lernens. Zur Qualitätsentwicklung einer Schule gehört es, sich dieser Ergebnisse regelmäßig zu vergewissern. Dies ist mit Bordmitteln leider oft sehr schwer durchführbar. Gewöhnen Sie daher Ihr Kollegium zunächst einmal daran, überhaupt die Ergebnisse der eigenen Arbeit auszuwerten und kritisch zu reflektieren, z.B. mit einem Selbstevaluationsinstrument (Tipp 49). Das wird insbesondere dann erleichtert, wenn Sie sich und Ihren eigenen Unterricht ebenfalls zur Evaluation anbieten.

❯ Tipp 49

Wertschätzung wird an vielen Schulen wie eine Monstranz vor sich hergetragen – sie wird vorgegeben und eingefordert – häufig besonders von denen, die sich selbst nicht wertschätzend ihren Kollegen und Ihnen gegenüber verhalten. Gleichwohl sollte es Ihr professioneller Anspruch an sich selbst sein, bei jeder sich bietenden Gelegenheit wertschätzend mit den Kollegen umzugehen.

Unterscheiden Sie sehr genau zwischen der Person und deren Verhalten: Die Person verdient Ihre Wertschätzung immer; das Verhalten verdient diese nur dann, wenn es etwas Wertzuschätzendes gibt (Tipp 71).

Zwischen Person und Verhalten unterscheiden

❯ Tipp 71

Die Wertschätzung …

- … beginnt damit, dass Sie dem anderen Ihre Aufmerksamkeit deutlich zeigen: sich hinwenden, ansehen, ansprechen (Tipp 30).

❯ Tipp 30

- … setzt sich darin fort, dass Sie aussprechen, was Sie wahrnehmen: an seiner Person, seinem Auftreten, seinen Stärken.
- … konkretisiert sich weiter darin, dass Sie sein Verhalten beschreiben und das von ihm Gesagte so wiedergeben (Tipp 29), wie Sie es wahrnehmen – und dass Sie die Vereinbarungen, die Sie mit dem anderen treffen, einhalten.

❯ Tipp 29

- … erreicht ihren Höhepunkt, wenn Sie dieses Verhalten, das eigene und das des anderen, würdigen und die Würdigung auch aussprechen.

Achtung!

Wenn ein Kollege einen Fehler macht, mindert das zunächst nicht die Wertschätzung, die er verdient! Entscheidend ist, wie er mit dem Fehler und der professionell geäußerten Kritik daran umgeht.

Gleich mal ausprobieren

Sprechen Sie auf Ihrer nächsten Schulleitungssitzung den Punkt „wertschätzender Umgang" an. Lassen Sie jeden darstellen, was er wahrnehmen muss, damit er sich wertgeschätzt fühlt. Bohren Sie ggf. so lange nach, bis wahrnehmbares Verhalten genannt wird, und visualisieren Sie das Gesagte. Wenn jeder – Sie inbegriffen – seinen Anteil gesagt hat, einigen Sie sich auf die für Sie als Team wesentlichen Aspekte. Fragen Sie, wie häufig und zu welchen Gelegenheiten Sie als Schulleitungsteam genau dieses Verhalten sich selbst und dem Kollegium gegenüber zeigen.

Sind Sie gemeinsam der Meinung, dass das ausreicht und auch von nahestehenden Kollegen so bestätigt wird, können Sie den Punkt in einem halben Jahr wieder auf die Tagesordnung setzen. Andernfalls treffen Sie Vereinbarungen und kontrollieren Sie sie.

Um die Ecke gedacht

Manchmal ist dieses Gespräch Anlass, noch ganz andere bestehende Probleme ans Tageslicht zu bringen. Nehmen Sie dies positiv auf – freuen Sie sich, dass auch diese Dinge endlich bearbeitet werden können. Wenn Sie in dem betreffenden Problem selbst involviert sind, kann es Sinn machen, dass Sie sich einen Moderator oder Coach dazuholen.

KOLLEGEN NICHT ÜBERSEHEN

54

Den einzelnen Kollegen wahrzunehmen und nicht zu übersehen bedeutet, ihn in seiner Gesamtheit wahrzunehmen: Also als Mensch ebenso wie mit seinem Verhalten als mitarbeitender Lehrer.

Gehen Sie einmal in sich: Fällt Ihnen zu jedem einzelnen Kollegen an Ihrer Schule etwas Spezifisches ein? Überprüfen Sie immer wieder, ob Sie wirklich zu allen Kollegen einen Draht haben? Zeigen Sie Wertschätzung gegenüber jedem Kollegen? Führen Sie regelmäßig Hospitationen durch

❯Tipp 46, 69 (Tipp 46, 69)?

Achtung!

Ihre Kollegen sind die wichtigste Ressource für Ihre Schule. Es liegt zu einem wesentlichen Anteil an Ihnen, ob und wie sich Kollegen für die Zielerreichung Ihrer Schule einbringen.

Zu Ihren wesentlichsten Führungsaufgaben als Schulleiter gehört es, möglichst genau über die Potenziale, die Beschränkungen und die Stärken der einzelnen Kollegen Bescheid zu wissen. Wichtig ist, dass Sie das, was Sie über einen Kollegen zu wissen glauben, regelmäßig prüfen.

Stärken kennen

- Am besten sprechen Sie den Kollegen direkt an – im Mitarbeitergespräch (Tipp 36) oder, falls Sie noch keine Mitarbeitergespräche eingeführt haben, bei einer angemessenen Gelegenheit.

❯ Tipp 36

- In manchen Fällen kann es sinnvoll sein, vorab mit dem Schulleitungsteam über den Kollegen zu sprechen.

Vielleicht möchte sich der eine oder andere Kollege viel stärker einbringen – Sie trauen es ihm aber nicht zu. Geben Sie ihm eine Chance zu zeigen, was er kann! Möglicherweise werden Sie ja positiv überrascht. Vielleicht bestätigt sich aber auch, dass Ihr ursprüngliches Misstrauen durchaus gerechtfertigt war. Geben Sie ihm dann die Rückmeldung und fordern ggf. Veränderungen ein.

Offen sein für positive Überraschungen

SOS-Tipp

Hören Sie auf (oder besser: fangen Sie erst gar nicht an), die schwierigen oder vermeintlich zusätzlichen Aufgaben und Verantwortlichkeiten immer auf dieselben Kollegen zu verteilen – selbst wenn sich diese Kollegen auch gern anbieten oder Sie von anderen dazu gedrängt werden. Genau diese Kollegen verdienen Ihren besonderen Schutz. Bedenken Sie: Auch die anderen haben ein Recht darauf, einen Teil der Last und Lust zu tragen – und sollten nicht übersehen werden (Tipp 48).

❯ Tipp 48

55

Immer wieder stellt sich die Frage: Soll der Schulleiter in einer Sache entscheiden oder muss ein Gremium befragt werden? Diese Frage zu beantworten ist leicht, wenn zweifelsfrei feststeht, wer in der Sache zuständig ist. Doch in vielen Fällen ist es eben nicht so eindeutig – und dann gilt es abzuwägen. Ist es sinnvoll oder sogar notwendig, kostbare Konferenzzeit für die Entscheidung zu investieren? Darf/kann der Schulleiter in der Sache alleine entscheiden? Im Zweifelsfalle macht der Schulleiter keinen Vorschlag, sondern entscheidet.

Um die Ecke gedacht

Manche Lehrer überschätzen den Entscheidungsraum des Schulleiters, wenn es um ihre persönlichen Belange geht. So wird beispielsweise bei der Beantragung von Sonderurlaub der Passus „persönliche Gründe" häufig zu weit ausgelegt. Obwohl gültige Gründe meist klar definiert sind, erwartet ein Lehrer auch mal das anzuerkennen, was er als wichtigen persönlichen Grund empfindet.

Manchmal kann ein Schulleiter aus der Sicht des Kollegiums sogar falsch entscheiden, aber alle sind froh, dass es endlich eine Entscheidung gegeben hat. Auch kann die Entscheidungsbefugnis aus einer Tradition oder durch einen schwachen Vorgänger an ein Gremium übertragen worden sein, obwohl dieses weder zuständig noch in der Praxis damit eine sinnvolle Handhabung gegeben ist. Das müssen Sie unter Erklärung des Sachverhaltes wieder rückgängig machen.

Als Schulleiter haben Sie natürlich die Gesamtverantwortung. Aber das heißt nicht, dass Sie jede Handlung, insbesondere die anderer Menschen, verantworten müssen (Tipp 48). Sie können und müssen jedoch dafür sorgen,

> ❯ Tipp 48

- dass jeder Mensch in der Schule weiß, wofür er Verantwortung trägt,
- dass die Voraussetzungen geschaffen sind, damit jeder seine Verantwortungen auch wahrnehmen kann,
- dass Sie ein System entwickeln, welches Ihnen ermöglicht zu erfahren, ob und wie Verantwortung wahrgenommen wird.

Um ein Klima der gemeinsamen Verantwortung zu schaffen, sollte es auch in kleinen Systemen und solchen, die über keine eigenen Funktionsstellen verfügen, verschiedene Ebenen der Verantwortung geben.

> Ebenen der Verantwortung

Strukturen sind nicht alles – aber ohne Struktur ist alles nichts. Für eine Systematik der Ebenen von Verantwortung sollten Sie sich von den folgenden Aspekten/Fragestellungen leiten lassen:

- Bestimmt der Aspekt der Fachzugehörigkeit oder der Jahrgangszugehörigkeit die Gliederung? (Beides gleichzeitig geht meistens nicht.)
- Jeder Mitarbeiter kann für seine Verantwortung nur eine unmittelbare Führungsperson haben, der gegenüber er verantwortlich ist.

Eine Verantwortungsstruktur sollte hinunter bis zur Schülerschaft entwickelt werden. Sie kann allerdings nur dann funktionieren, wenn alle Mitglieder einer Verantwortungsebene

- sich regelmäßig treffen und für diese Treffen Arbeitsformen vereinbaren,
- Umgangsweisen klären,
- Verantwortungsbereiche und Ziele festlegen,
- Konflikte gemeinsam bewältigen,

■ ein regelmäßiges Controlling der selbstgesetzten Ziele durchführen; das setzt eine Protokollführung voraus, bei der Verantwortlichkeiten und Termine festgelegt werden.

SOS-Tipp

Was geschieht, wenn Verabredungen nicht eingehalten werden, wenn jemand sich durch eine Initiative übergangen fühlt, einen Beschluss nicht nach außen vertreten will? Klären Sie das unbedingt im Vorhinein miteinander!

Gleich mal ausprobieren

Entwickeln Sie eine Führungsstruktur für Ihre Schule, indem Sie sich eine Grafik ähnlich dem hier gezeigten Beispiel anlegen und die Namen der jeweiligen Personen eintragen.

Führungsstruktur einer großen Schule

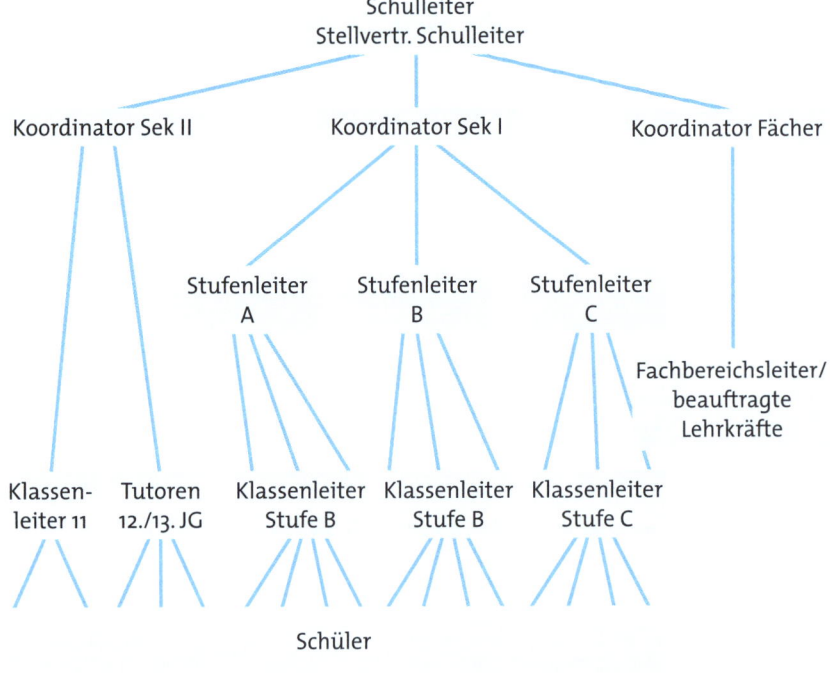

Es gibt in jedem Team immer wiederkehrende Problemstellungen. Oft sind es langjährige Routinen, die wiederholt zu Problemen führen und dennoch nicht ausreichend infrage gestellt werden.

Im Alltagsgeschäft neigen wir dazu, solche Fragen schnell und wenig fundiert zu erledigen. Statt zu einer reflektierten Bewertung zu kommen, werden – je nach Interessenlage – meist nur die Vorteile oder Nachteile einer jeweiligen Regelung hervorgehoben und mit Macht vorgetragen. Dies führt schlimmstenfalls zu einem Schlagabtausch, wo es nur um Sieg und Niederlage (in der Argumentation) geht.

Um die Ecke gedacht

Versuchen Sie einmal, zu einem aktuellen kontroversen Thema – je nach eigener Interessenlage – zunächst die Argumente Ihrer Gegner zu sammeln.

Hier ist es hilfreich, Bearbeitungs-Tools (Tipp 51) einzuführen, die mit der Zeit jedem Beteiligten vertraut sind und von allen als Vorgehensweise akzeptiert werden. Eine Reihe von Vorschlägen findet man bei Edward de Bono (2010). Besonders einfach und wirksam ist das Werkzeug PMI (Abkürzung für Plus, Minus, Interessant).

❯ Tipp 51

PMI als Werkzeug nutzen

Die Methode PMI ermöglicht es, zunächst viele Aspekte aufzulisten, ohne einer Entscheidung bereits eine Richtung zu geben. In einem zweiten Schritt werden diese Aspekte von jedem Teilnehmer danach bewertet, ob sie als positiv (P), als negativ (M) oder einfach wertfrei als interessant (I) wahrgenommen werden. Dabei kann es vorkommen, dass der eine etwas als positiv notiert, das für den anderen negativ ist. Die so gewonnene Übersicht ermöglicht es, an einzelnen Punkten mit der Lösung anzusetzen und nicht gleich ein ganzes Konzept abzulösen. Auch das neu entwickelte Konzept muss der „PMI-Prüfung" standhalten. PMI liefert also gleichzeitig ein Evaluationskonzept für neue Ideen.

Gleich mal ausprobieren

Diskutieren Sie mit vertrauten Personen über einen begrenzten Zeitraum (15 Min.) ein aktuelles Problem und wie die Lösung aussehen könnte. Dann versuchen Sie das Gleiche mit der Methode PMI. Die Beiträge werden ohne Gespräch auf Karten notiert, an eine Wand gepinnt und einem der drei Merkmale zugeordnet. Nun führen Sie die Diskussion erneut.

Instrument häufig verwenden

Verwenden Sie dieses Instrument möglichst häufig in verschiedenen Situationen, auch spontan, sobald sich eine kontroverse Diskussion ergibt. Je mehr Menschen in Ihrer Umgebung sich an dieses Werkzeug gewöhnen, desto selbstverständlicher wird der Gebrauch und desto höher die Akzeptanz.

MACHT AUSÜBEN

58

Schule ist kein machtfreier Raum. In ihr wird Macht ausgeübt. Sie können entscheiden, durch wen und wie.

Vielleicht stolpern Sie an dieser Stelle über das Wort „Macht" – ist es doch in manchen pädagogischen Kreisen negativ belegt und wird lieber mit „milderen" Begriffen wie Einfluss umschrieben. Schließlich wird Macht in vielen Fällen missbraucht und ist dann zweifellos negativ zu bewerten. Gerade deswegen sollten Sie sich als Schulleiter bewusst sein, dass Sie in vielen Situationen mit Ihren Entscheidungen Macht ausüben, und sensibel damit umgehen.

Zur Mitarbeit auffordern

Jede Stundenplanänderung betrifft Schüler und Lehrer. Fordern Sie Ihre Lehrer zur aktiven Mitarbeit und Mitentscheidung auf, indem Sie Vorschläge ernst nehmen, prüfen und bei Ablehnung begründen. Je mehr Lehrer am Stundenplan mitarbeiten, umso wichtiger ist es, grundsätzliche Fragen wie „Dient das dem Lernen der Schüler?" im Blick zu behalten. Doch am Ende entscheiden Sie und üben damit die Ihnen übertragene Macht aus – um nämlich Ihrer Verantwortung gerecht zu werden.

SOS-Tipp

> Gehen Sie mit Ihrer Macht bewusst um, fragen Sie sich stets: Gibt es noch einen anderen Weg? Und wenn Sie eine Entscheidung treffen (Tipp 8, 23, 55), geben Sie eine Begründung, aber fordern nicht zu erneuter Diskussion auf.

❯ Tipp 8, 23, 55

Der Schulleiter muss Macht ausüben – sonst tut das jemand anderes. Also: keine Angst vor der Machtausübung, sondern kritisch reflektieren, ob sie auch angemessen ist.
Machtausübung dient auch dem Schutz von Kollegen gegenüber der Schulaufsicht, Anwälten, Eltern usw. Hier wird sie von Ihnen sogar gerechtfertigt eingefordert.

Machtausübung kritisch reflektieren

GRUPPEN MISCHEN

59

In einem Kollegium bilden sich immer Gruppen und Grüppchen – und zwar umso deutlicher, je größer das Kollegium ist. Mit diesen ist man befreundet, mit jenen arbeitet man zusammen – und andere kennt man so gut wie gar nicht. Solange das Ganze nicht zu einem klimaschädigenden Klüngel ausartet, ist das völlig normal und nicht per se verwerflich.
Allerdings kann es für alle Beteiligten erfrischend sein und für eine neue positive Dynamik sorgen, wenn die Kollegen immer mal in veränderten Konstellationen zusammenarbeiten. Dies in geeigneten Situationen zu initiieren gehört zu Ihren Aufgaben als Schulleiter.

Für neue Dynamik sorgen

Fordern Sie von den Lehrkräften die Bereitschaft ein, mit jedem anderen aus dem Kollegium eine Arbeitsbeziehung auf Zeit einzugehen – das gehört zu einer professionellen Arbeitshaltung und wird schließlich genauso von den Schülern in den Gruppenarbeitsphasen im Unterricht erwartet!
Sobald es von der Sache her geboten ist, zögern Sie nicht, „gemischte" Gruppen zu bilden. Wenn es z. B. im Rahmen einer Konferenz um die Erörterung einer allgemeinen pä-

dagogischen Frage geht, können die Gruppen durch Abzählen, durch Merkmale wie Sternzeichen oder Hausnummern gebildet werden. Je ungewöhnlicher der Zufallsgenerator, desto lockerer die Gruppenbildung.

Um die Ecke gedacht

> Beim ersten Mal sperren sich vielleicht einige Kollegen sehr energisch. Lassen Sie sich nicht dadurch irritieren! Treten Sie überzeugt auf und begründen Sie Ihre Vorgehensweise.
>
> Bei der Reflexion „Wie war das heute?" äußern sich übrigens erfahrungsgemäß auch einige Kollegen, die erstaunt feststellen: „Ich habe heute eine ganz neue, eine schöne Erfahrung gemacht."

60

Führung als Teamarbeit verstehen

Der Begriff Führung ist in der Schule noch immer umstritten. Das Selbstverständnis von Schulleitern als Primus inter Pares ist zwar vielerorts noch beliebt, aber nicht mehr zeitgemäß. Da hat die fachwissenschaftliche Diskussion in den letzten Jahren zu einem Umdenken beigetragen.

Ein Schulleiter hat nach heutigem Verständnis nicht nur die Aufgabe, eine Schule zu leiten, also geregelte Abläufe zu gewährleisten, sondern auch zu führen zu mehr Qualität und Selbstständigkeit (Tipp 42).

❯Tipp 42

Gleich mal ausprobieren

> Notieren Sie aus Ihrem Tätigkeitsfeld Aufgaben, die Sie eher dem „Leiten" zuordnen würden, und solche, die mehr zur „Führung" gehören. Und prüfen Sie, ob Sie auch genügend Ressourcen für Führung einsetzen.

Als Führungskraft tragen Sie wie alle anderen Führungskräfte die Verantwortung dafür,

- die Qualität der Ergebnisse kontinuierlich zu verbessern;
- den Umgang mit Ressourcen effizient zu gestalten;
- die Mitarbeiter herauszufordern, aber nicht zu überfordern;
- Prozesse so zu gestalten, dass sie auf verschiedene Situationen übertragbar werden;
- Mitarbeiter zu fördern, aber nicht deren Verantwortung zu übernehmen.

Agieren Sie gemeinsam mit den anderen Führungskräften als Team! Das zeigt sich z. B. in der Art, wie Sie Ihre regelmäßigen Besprechungen durchführen. Ein wichtiges Instrument für Führungskräfte ist die Sitzung, auch „Meeting" genannt. Wollen Sie ein Teamverständnis von Führung entwickeln, lohnt es sich, dies bereits in die Gestaltung von Sitzungen aufzunehmen.

Als Team agieren

Achtung!

Statt in einer Sitzung alle Aufgaben an sich zu ziehen, ist es ratsam, die anderen Teilnehmer sehr frühzeitig in ihrer Führungsverantwortung zu befähigen (Tipp 56).

❯ Tipp 56

Der sogenannte delegierte Meetingprozess[3] ist geeignet, Entscheidungen in Teams vorzubereiten. Alle Teilnehmer übernehmen in den regelmäßigen Sitzungen turnusmäßig eine der anfallenden Aufgaben. Diese sind:

Delegierter Meetingprozess

- Agenda-Schreiber (sammelt die Tagesordnungspunkte),
- Moderator (bereitet die Themen auf, sorgt für einen zielgerichteten Diskussionsprozess),
- Zeitnehmer (achtet darauf, dass ein Meeting im Zeitplan bleibt, unterstützt den Moderator),
- Entscheidungstreiber (achtet darauf, dass anstehende Entscheidungen nicht aus den Augen verloren werden – unterstützt den Moderator),

---

3   Alain Cardon, Christina Quirin: Der Delegationsprozess: Ein Instrument für die Organisationsentwicklung. www.cq-kommunikation.com/documents/DelegationsprozessArtikel.pdf, letzter Zugriff am 08.10.2013

- Protokollant (hält die Ergebnisse des Meetings fest; kann im Verlauf immer wieder den Stand der Vereinbarungen nennen; veröffentlicht das Protokoll möglichst noch in der Sitzung oder direkt danach),
- Feedbackgeber (gibt den Rollenträgern ein konstruktives Feedback).

Es ist möglich, zunächst mehrere Rollen auf eine Person zu vereinigen. Die Rolle des Feedbackgebers sollte möglichst in einer gemeinsamen Fortbildung gelernt werden, damit sie qualifiziert ausgeübt werden kann; ansonsten fällt sie am ehesten unter den Tisch.

61 PROBLEME LÖSEN

In der Schule werden Probleme entdeckt und gelöst. Leider fehlt aber oft das Instrumentarium, um dabei strukturiert vorzugehen. Wenn Sie genauer hinschauen, werden Sie merken, dass dann schnell Lösungen produziert, angeboten, gar von der Konferenz verabschiedet werden, obwohl noch nicht einmal geklärt ist, was eigentlich das Problem ist.
Bestehen Sie darauf, immer methodisch sauber vorzugehen. Schlagen Sie zunächst eine einfache Struktur vor und behalten Sie im Blick, dass sie strikt eingehalten wird. Neben dem Werkzeug PMI (Tipp 57) können Sie auch eine einfachere Variante nutzen:

> ❯ Tipp 57

1. Problem benennen: Worum geht es eigentlich? Die Antwort wird schriftlich fixiert.
2. Lösungen sammeln: Jede Lösung ist willkommen, auch die abwegigste! In dieser Kreativitätsphase darf es keine Bewertung geben.
3. Lösung auswählen: Welche Lösung wirkt am besten? Welche Lösung kann von uns geleistet werden?

Wie immer, wenn etwas neu eingeführt wird, gilt hier: Eine gute Verschriftlichung kann Wunder wirken (Tipp 43).

> ❯ Tipp 43

Achtung!

Es ist Ihre Aufgabe (bzw. die des Moderators), ein Hin- und-her-Springen zwischen den Phasen zu verhindern. Besonders beliebt sind Bewertungen (da kennen sich Lehrer eben aus) – und zwar schon lange, bevor alle möglichen Lösungen auf dem Tisch liegen. Der Hinweis „Noch nicht, dazu kommen wir später!" kann in solch einer Situation schon genügen.

62

Die Möglichkeiten, an einer Schule Personalentwicklung zu betreiben, sind zwar größer geworden – sie sind aber immer noch begrenzt. Bei der Einstellung von Lehrkräften müssen Sie eher die Fächerkombination berücksichtigen als zusätzliche Qualitäten. Eine Lehrkraft aus dem Dienst zu entlassen oder an eine andere Stelle zu versetzen ist meist aus rechtlichen Gründen nicht oder nur mit Einwilligung der betroffenen Lehrkraft möglich. So konzentriert sich Ihre Personalentwicklung in erster Linie darauf, die Talente Ihrer Mitarbeiter zu erkennen und die Verantwortungen optimal zu verteilen. Dazu ist es durchaus auch sinnvoll, in Mitarbeitergesprächen (Tipp 36) regelmäßig die Frage zu stellen: „Was können Sie noch?" Weiterhin sollten Sie den Lehrkräften Gelegenheit geben, sich zu bewähren und zusätzliche Qualifikationen zu erwerben.

❯ Tipp 36
Mitarbeiter-gespräche führen

Überlegen Sie genau, welche Schulleitungsaufgabe Sie einer potenziellen Führungskraft anbieten können/wollen. Fragen Sie in einem Gespräch direkt: „Wollen Sie mal Leitung/ Führung ausprobieren, indem Sie …?" Geben Sie einige Tage Zeit zur Entscheidung und versichern Sie, dass Sie eine Absage oder Veränderung auch akzeptieren. Erst bei Zusage wird die Vereinbarung schulintern öffentlich.

Aufgaben delegieren

Geben Sie den angehenden Führungskräften sowohl Anleitung als auch Spielräume. Legen Sie Fristen fest, in denen

Anleitung und Spielräume geben

entweder bestimmte Arbeiten erledigt oder bestimmte Wirkungen erzielt sein müssen oder spätestens eine Rückmeldung zu erfolgen hat, ob der eingeschlagene Weg weiter gegangen werden kann. Bieten Sie Zeitfenster an, in denen frei gearbeitet werden darf, und Termine, an denen Beratung oder Rechenschaft erforderlich ist.

Achtung!

Denken Sie daran, dass Sie personalrechtliche Vorgaben beachten, wenn Sie Aufgaben kommissarisch besetzen. Machen Sie schulintern öffentlich, dass die Schulleitung Unterstützung braucht, aber sprechen Sie auch gezielt Personen an, die Ihnen besonders geeignet erscheinen. Überlegen Sie sich zudem sehr genau, wem Sie die Übertragung einer Aufgabe verweigern und wie Sie das begründen. Es könnte sein, dass Sie übermorgen genau diese Person doch bitten müssen, die Aufgabe zu übernehmen, für die sie Ihnen noch gestern ungeeignet erschien ...

> **Tipp 56**

> **Tipp 57**

Wenn Sie bereits ein Verantwortungskonzept (Tipp 56) entwickelt haben und bestimmte Führungswerkzeuge (Tipp 57) benutzen, dann sollten Sie auch dafür sorgen, dass die angehenden Führungskräfte diesem Konzept folgen können sowie geeignete Fortbildungsangebote erhalten und wahrnehmen.

63 SCHULJAHR PLANEN

Die Verteilung der Termine über das Schuljahr ist überwiegend eine Routinetätigkeit. Es gibt eine vorgegebene Anzahl von Gesamtlehrerkonferenzen; die Arbeit der Gremien ist im Schulgesetz festgelegt, die Feier- und Ferientage ebenso. Wo bleibt hier Raum zum Gestalten?

Den Raum zu finden und zu nutzen – das ist Ihre Aufgabe und Herausforderung. Entwicklungsvorhaben benötigen

Zeit und langen Atem. Wenn eine Terminplanung erst einmal steht, wirken alle später hinzukommenden Vorhaben als zusätzliche Arbeit, die kaum noch zu bewältigen ist. Außerdem wird im Laufe eines begonnenen Schuljahrs leicht jede weitere Maßnahme als „neue Sau, die durchs Dorf getrieben wird" wahrgenommen. Beherzigen Sie bei der Planung die folgenden Grundsätze:

Entwicklungvorhaben benötigen Zeit

- Die Schulleitung legt sich zum Beginn des Schuljahrs fest, welche großen Entwicklungsvorhaben anstehen, und verkündet diese auch.
- Der Terminplan berücksichtigt, dass es Zeiten hoher Belastung (z.B. Prüfungszeiträume) gibt, in denen für Entwicklungsvorhaben keine Zeit ist. Entweder sind diese dann abgeschlossen oder sie werden notfalls unterbrochen.

Um die Ecke gedacht

Veröffentlichen Sie auch interne Vorhaben wie eine Klausurtagung der Schulleitung oder eine gemeinsame Reise des Kollegiums. Dies kann von der Schulgemeinde als Signal wahrgenommen werden für eine vorausschauende Schulleitung und ein gutes Betriebsklima.

Als Reihenfolge der Festlegung hat sich das folgende Vorgehen bewährt:

- feststehende Termine: Ferien, Feiertage, Zeugnisausgabe, Prüfungen …
- davon abgeleitete Termine: Zensurenkonferenzen, Abgabe von Themen, Beratungstermine …
- gesetzliche Festlegungen: Wahlen, Gremiensitzungen …
- schulinterne Festlegungen: Betriebspraktikum, Studientag, Sommerfest, Wandertage, Sportfest …
- Konferenzstruktur: Art, Anzahl, Rhythmus (Tipp 64)

❭ Tipp 64

Eine interne Abstimmung vor der endgültigen Veröffentlichung vermeidet Fehler und sorgt frühzeitig für Konsens. Der Ablauf könnte so aussehen:

- Entwurf des Schulleiters an die anderen Mitglieder der Schulleitung,
- nach Abstimmung Weitergabe an Funktionsträger (auch Eltern-/Schülervertreter),
- vorläufige Veröffentlichung vor dem Kollegium,
- endgültige Veröffentlichung (u. a. auf der Homepage),
- regelmäßige Aktualisierung.

64 KONFERENZTERMINE PLANEN

Bei vielen Lehrkräften gelten Konferenzen als ein lästiges Übel. Dem können und sollten Sie entgegenwirken: Schließlich wird in Konferenzen das gemeinsame Handeln aller Akteure abgestimmt, sodass Transparenz und Zuverlässigkeit entstehen.

Um die Ecke gedacht

Die langfristige Abstimmung von Konferenzterminen wirkt dem Gefühl, dass zu der ohnehin bestehenden Überlastung noch mehr Aufgaben hinzukommen, entgegen. Die Konferenz gehört genauso zum Stundenplan wie der Fachunterricht oder der Elternsprechtag!

Rhythmus der Konferenzen festlegen

Die Reihenfolge von Konferenzen sollte einem bestimmten Rhythmus folgen, der Raum für Routinetätigkeiten ebenso schafft wie die Möglichkeit, langfristige Vorhaben systematisch zu erarbeiten. Eine Schulprogrammänderung kann so durch die einzelnen Fachgremien vorbereitet und dann in den großen Gremien letztendlich abgestimmt werden. Bewährt haben sich feste Konferenztermine. Variable Termine erschweren eine individuelle Lebensplanung und sorgen immer wieder für Störungen.

Vorschlag für einen Konferenzturnus (nur auf Lehrkräfte bezogen):

1. Gesamtkonferenzen/Dienstbesprechungen

2. Fachkonferenzen A (für die Hälfte der Unterrichtsfächer; so gegliedert, dass nur wenige Kollisionen bei den Kollegen entstehen)

3. Fachkonferenzen B

4. Jahrgangsbezogene Konferenzen

5. Konferenzpause (z. B. reserviert für Arbeitsgruppen)

Dann beginnt der Turnus von vorne.

Ebenso wichtig ist es, Treffen von informellen Gremien und Arbeitsgruppen regelmäßig zu organisieren. Für diese sind wöchentliche oder gar tägliche Treffen von vorneherein in den Stundenplan aufzunehmen.

Achtung!

> Für eine entwicklungsorientierte Ganzjahresplanung ist es unbedingt erforderlich, die anstehenden Aufgaben aufzulisten und in den Jahresplaner aufzunehmen.

Ausschnitt aus einem Jahresplan

1 = Studientag mit Vor-/ Nachbereitung
2 = Führungskonzept
3 = neues Kurssystem
4 = Binnendifferenzierung
5 = Ausstattung der Lehrerzimmer
6 = Vertretung neu regeln

Monat	August				September				Oktober				
Woche	32	33	34	35	36	37	38	39	40	41	42	43	44
Schulleitung	1/2				6								
Steuerungs-G		1				1/2					5/6		
JG-Leiter			1		2		5						
Fachleiter			1		2		4		Herbstferien		4		4
Gesamtkonferenz				1				2					
Elternbeirat				1				2					
SV				1				2					
Schulkonferenz				1									

65

Die Übersicht über den Bedarf an und die Ausstattung mit Personal ist eines der zentralen Gestaltungsinstrumente des Schulleiters. Zum einen müssen Sie gegenüber der übergeordneten Behörde mit soliden Zahlen fordernd auftreten können, zum anderen aber auch dem Kollegium und der Elternschaft gegenüber Rede und Antwort stehen, wenn Begehrlichkeiten nicht erfüllt werden können. Sie arbeiten hier mit der wichtigsten Ressource einer Schule.

SOS-Tipp

Begegnen Sie dem berechtigten Wunsch aus dem Kollegium oder der Eltern, die Karten auf den Tisch zu legen, nicht mit Abwehr, sondern mit dem Angebot, das Zahlenkonstrukt gemeinsam zu betrachten. Machen Sie deutlich, an welchen Stellen Sie Führungsentscheidungen (z. B. bei der Entlastung für besondere Aufgaben) treffen. Beschreiben Sie Spielräume und erläutern Sie, welcher Preis gezahlt werden muss, wenn eine Verteilung anders geregelt werden soll. Transparenz ermöglicht es, die Beteiligten bei Forderungen in die Pflicht zu nehmen: Wenn irgendwo ein Mangel ausgeglichen werden soll, muss woanders etwas weggenommen werden. Transparenz fordert Beteiligung, Beteiligung fordert Verantwortungsübernahme (Tipp 56)!

> Tipp 56

Die gesetzlichen Vorgaben kennen

Grundvoraussetzung ist die genaue Kenntnis der gesetzlichen Vorgaben. Wenn diese veröffentlicht werden, müssen Sie die daraus entstehenden Konsequenzen unverzüglich in Ihre Planungsunterlagen einarbeiten. Daraus resultiert eventuell, dass Sie neues Personal einstellen/anfordern oder bisheriges Personal zur Umsetzung melden müssen. In jedem Fall müssen Sie in der Lage sein, aufgrund solider Daten zu handeln. Verlassen Sie sich nicht allein auf die Vorgaben der übergeordneten Behörde, besondere Spezifika Ihrer Schule gehen leicht auf dem Weg durch die Instanzen verloren.

Es empfiehlt sich, den Personalbestand kontinuierlich zu pflegen, auch um längerfristige Veränderungen vorherzusehen und frühzeitig Maßnahmen ergreifen zu können. Ein Tabellenkalkulationsprogramm wie z. B. Excel lässt sich dazu nutzen, gewünschte Veränderungen (z. B. Reduzierung der Zügigkeit, Verkleinerung von Lerngruppen, Einführung eines neuen Wahlpflichtfaches …) im Testlauf auf den zu erwartenden Bedarf zu prüfen. Es kann ebenfalls geeignet sein, erhöhten Stundenbedarf durch Veränderungen an anderer Stelle (z. B. Erhöhung von Kursfrequenzen, Zusammenlegung von Lerngruppen) zu erwirtschaften. Der souveräne Umgang mit einem solchen Tabellenkalkulationsprogramm gehört zur Standardqualifikation von Schulleitern.

Gleich mal ausprobieren

Legen Sie sich mithilfe eines Tabellenkalkulationsprogramms eine Tabelle der folgenden Art an (hier orientiert an den Berliner Zuweisungsrichtlinien für Oberschulen; Schülerzahlen werden mit einem Faktor multipliziert, um die zugewiesenen Stunden zu berechnen):

Stundenzuweisung IST (= Personalzuweisung)

Nr.	Name	Vorname	Laufbahn	Fächer	Std.	Personenbezogene Ermäßigung (z.B. wg. Schwerbehindert)	Schulbezogene Ermäßigung (z.B. als Fachleiter)	verfügbar (nicht verf., z.B. im Sabbatical)	netto
1									
52	Roth	Emil	StR	De/Ma	26	1	3	ja	22
92									
	Summe				2230	-65	-96	-302	1767

Stundenzuweisung Soll

	Anzahl der Schüler	Faktor	Stunden
7. JG	179	1,47	263
8. JG	146	1,47	215
9. JG	195	1,47	287
10. JG	202	1,47	297
Ganztag			120
Sek II	275	1,73	475
Profile			36
Sprachförderung			107
Summe	997		1800

Bilanz

Stundenzuweisung IST	1767
Stundenzuweisung SOLL	1800
Differenz	−33
Ausstattungsgrad	98,2 %

LEHREREINSATZPLANUNG ENTWERFEN

66

Lehrereinsatzplanung? – „Das ist doch Sache des Stellvertreters", werden Sie vermutlich sagen. Tatsächlich ist dies an den meisten Schulen traditionell so organisiert. Die Lehrereinsatzplanung ist aber eine der potenziell konfliktträchtigsten Aufgaben an der Schule; den daraus resultierenden Ärger müssen Sie zumindest (mit-)tragen. Es ist daher ratsam, dass Sie mit Ihrem Stellvertreter ein Konzept entwickeln, für welches Sie beide in Konfliktfällen geradestehen können.

Bewährt haben sich im Jahresplan festgelegte Phasen, in denen sich die Beteiligung des Kollegiums und die (Zwischen-) Entscheidungen der Schulleitung abwechseln.

Phasen der Lehrereinsatzplanung

Schritte zum gemeinsamen Stundenplan	Monat	Bearbeitung durch	
		Kollegium	Schulleitung
Kriterien der Stundenverteilung	April		
Entwicklung eines Stundenplanrasters	Mai		
Eintragen in Listen für „Wunschkurse"	Juni		
Entwurf des Stundenplans	Juli		
Nachbesserungen	August		

Achtung!

Transparenz und Beteiligung darf nicht dazu führen, dass sich jeder nur seine Vorteile sucht. Wer mitwirkt, übernimmt auch Verantwortung für das Gelingen des Ganzen.

Kollegiale Beteiligung an der Stundenplangestaltung setzt immer die Schaffung von Rahmenbedingungen voraus, die die individuellen Entscheidungen der Kollegen einengen. Inwieweit diese abstimmungsbedürftig oder vorgegeben sind, entscheiden letztendlich Sie. Je klarer Sie die Kriterien benennen können, nach denen Sie entscheiden, desto nachvollziehbarer wird die Planung.

Rahmenbedingungen schaffen

67 Delegieren

Der Schulleiter trägt die Gesamtverantwortung.

Verwenden Sie das Wort „delegieren" nur für solche Aufgaben, die in der Verantwortung des Schulleiters/der Schulleitung liegen. Wenn Sie richtig delegieren, dann delegieren Sie Verantwortung und nicht nur die Aufgabe. Also nicht: „Sie machen das und das", sondern: „Sie sind verantwortlich dafür, dass dieses und jenes Ergebnis erreicht wird!" (Tipp 48).

Dabei kann Delegation auch für Sie (über-)lebenswichtig (Tipp 86) sein und birgt – wie eben genannt durchgeführt – nur Positives: Entlastung für Sie, Motivierung Ihrer Mitarbeiter, Entwicklung des Personals zu Eigenverantwortung.

Als Schulleiter dürfen Sie sehr viel delegieren (Ausnahme z. B. Lehrerbeurteilung; Tipp 79) – nicht aber Ihre Gesamtverantwortung für das System. Wie Sie dieser Gesamtverantwortung aber gerecht werden, bestimmen Sie!

Vereinbaren Sie deshalb schon beim Delegieren, wie häufig und auf welche Art und Weise die Kontrolle stattfinden wird und woran erkannt werden soll, ob das Ergebnis fortlaufend oder einmalig erreicht wird.

Um die Ecke gedacht

> Richtig delegieren bedeutet: loslassen vom Tun; und dafür: übernehmen des aktiven und passiven Kontrollierens (Tipp 67).

Margin notes:

Verantwortung delegieren

❯ Tipp 48
❯ Tipp 86
❯ Tipp 79
❯ Tipp 67

68 Das Wichtige bearbeiten

Die Arbeit wandert dorthin, wo sie getan wird!

So mancher Schulleiter zeichnet ein Bild, das ihn mit einer kleinen Schaufel in der Hand vor einem großen Berg Arbeit darstellt, während rundherum viele andere stehen, die ein Arbeitspaket nach dem anderen auf den Berg werfen. Und der Schulleiter schaufelt und schaufelt – aber der Berg wird eigentlich nicht kleiner, sondern gefühlt eher immer größer. Dieses Gefühl wird dann häufig mit einem Achselzucken hingenommen: „Das ist eben so!", „Ich kann keine Dinge liegen lassen", „Ich müsste einmal einen Zeitmanagementkurs besuchen."

Um die Ecke gedacht

Das eigentliche Problem dieser Situation liegt in der inneren Haltung des Schulleiters begründet. Da hört man Einstellungen wie: „Ich muss alles wissen, was an meiner Schule läuft! Nur wenn ich es selbst mache, weiß ich, dass es klappt! Ehe ich es dem anderen lang erkläre, mache ich es lieber gleich selbst! Wenn ich etwas ablehne, dann ..." usw. Solange sich ein Schulleiter davon in seinem Führungshandeln leiten lässt, wird der Berg nicht wirklich kleiner werden.

Die Kunst ist, das Wichtige vom weniger Wichtigen zu unterscheiden. Dabei hilft zum einen Erfahrung, zum anderen ein konsequentes Verhalten. Und es gehört dazu auch eine bestimmte innere Haltung, die Sie sich erarbeiten und Ihrem Umfeld vermitteln müssen:

Wichtiges von weniger Wichtigem unterscheiden

- Das wirklich Wichtige machen Sie selbst oder delegieren es und lassen sich regelmäßig berichten.
- Das etwas weniger Wichtige delegieren Sie, das Ergebnis kontrollieren Sie (Tipp 67).

❯ Tipp 67

- Hüten Sie sich davor, immer neue Aufgaben übertragen zu bekommen, die Ihr Gegenüber genauso gut selbst übernehmen könnte (Tipp 81).

❯ Tipp 81

Um das Anfangsbild aufzugreifen: Verstehen Sie sich nicht als die Person mit der Schaufel, sondern als jemand, der dort steht, wo die anderen ihre Pakete hinwerfen, der diese auffängt und auf mehrere kleinere Berge verteilt (Tipp 66), z. B. gemäß Geschäftsverteilungsplan – und ggf. auch Pakete zum Absender zurückwirft!

❯ Tipp 66

Gleich mal ausprobieren

Dabei kann die Beantwortung bestimmter Fragen helfen:

- Muss etwas überhaupt gemacht werden?
- Muss es jetzt gemacht werden?
- Muss ich das machen?

Beantworten Sie alle Antworten mit Nein, dann

- werfen Sie das Paket zurück,
- fordern Sie den Paketwerfer vielleicht auf, zu gegebener Zeit erneut anzuklopfen,
- werfen Sie das Paket auf den richtigen Berg (delegieren).

Viele berichten von einer erstaunlichen Entwicklung: Es wird „weniger geworfen", alle fühlen sich wohler und die wirklich wichtigen Dinge werden bearbeitet. Das System Ihrer Schule kann sich enorm entlasten, wenn Sie die Ablage P wie Papierkorb mutig nutzen – oft schon beim Posteingang.

SICH ORGANISIEREN

69

Die richtigen Dinge machen

Schärfen Sie Ihren Blick: Wofür setzen Sie Ihre eigene Ressource ein? Eher dafür, Vorhandenes zu optimieren, noch besser zu machen? Oder eher dafür zu prüfen, ob das Vorhandene das Richtige ist, ob eine Verbesserung in sinnvollem Verhältnis Aufwand/Nutzen steht? Entscheiden Sie sich, ob Sie selbst Gutes ständig weiter verbessern müssen oder ob Sie das nicht vertrauensvoll den Experten in Ihrem Kollegium überlassen. Ist es nicht vielmehr Ihre Aufgabe, neue Anstöße zu geben, Mut zu machen, Wege zu ermöglichen? Machen Sie nicht die Dinge richtig(er), sondern machen Sie die richtigen Dinge! Die richtigen Dinge sind die Themen, die Sie als Schulleiter für die richtigen halten. Dazu gehören nicht nur die eigenen Vorbereitungen und Fortbildungen, sondern auch die wesentlichen privaten Aktivitäten wie Sozialkontakte, Kulturelles, Gesundheitsvorsorge usw. Die nötigen Zeitfenster dafür müssen Sie sich einplanen.

Gleich mal ausprobieren

Nehmen Sie sich Ihren Schuljahresplan zur Hand (Tipp 63), ❯ Tipp 63 ergänzen diesen um die Schulleitungsaktivitäten und fügen dann die Zeitblöcke ein, die Sie für die für Sie richtigen Themen vorbehalten wollen, sofern sie noch nicht abgedeckt sind. So entsteht Ihr persönlicher Schuljahresplan.

Wenn Sie genügend Zeitfenster auch für Ihre Aktivitäten finden, müssen Sie Ihren Plan nur noch so umsetzen. Wenn Sie nicht genügend Zeit finden, ist das ein Zeichen dafür, dass Sie zu viel Zeit und Kraft für Themen aufwenden, die vielleicht nicht die wirklich richtigen sind.
Müssen Sie unbedingt jede Konferenz leiten und dabei sein (Tipp 64)? Muss jeder Gesprächswunsch jederzeit erfüllt ❯ Tipp 64 werden? Natürlich nicht! Delegieren Sie und streichen Sie Aktivitäten!

Gleich mal ausprobieren

Nutzen Sie die Kraft Ihres Sekretariats! Planen Sie Ihre Woche z. B. mit der ALPEN-Methode (Tipp 87). Wenn Sie jetzt Zeiten ❯ Tipp 87 für Gespräche, Unvorhergesehenes das für Sie Richtige usw. eingeplant haben, Tür-und-Angel-Gespräche auf das Notwendige reduzieren (Tipp 34) und bei Gesprächswünschen ❯ Tipp 34 so oft es geht auf Ihr Sekretariat verweisen, dann haben Sie sich zunächst gut organisiert.

Um die Ecke gedacht

Wenn Sie in der Umsetzung nicht dazu kommen, das zu tun, was richtig ist, dann können Sie wenigstens den Zeitdieb identifizieren: Das sind dann in den meisten Fällen Sie selbst! Genauer: Der Teil von Ihnen, der Sie dazu bringt, Ihren eigenen Plan nicht so ernst zu nehmen.

Organisieren Sie sich und bekommen Sie damit auch Ihre Selbststeuerung in den Griff. Es ist nur professionell, wenn Sie sich dafür die nötige Unterstützung holen (Tipp 92). ❯ Tipp 92

70

Mit Entscheidungen, die nicht nach Schema F zu treffen sind, in die vielleicht auch eine gehörige Komponente Emotion einfließt, tut man sich häufig schwer – und das zu recht: Verschiedene Innere Stimmen melden sich, die einem Unterschiedliches zurufen. Dann braucht es einfach etwas Zeit, dem nachzuspüren: Was höre ich da? Und wie laut ist welche Stimme?

Die Nacht ist nicht nur symbolisch gemeint. Eine Nacht – auch eine schlaflose – bringt häufig den benötigten Abstand, um der Entscheidung noch einmal klar nachzuspüren. Schlafforscher weisen uns darauf hin: Unterschätzen Sie nicht die Problemlösungskompetenz Ihres Gehirns im Schlaf.

Der Intuition nachspüren

Nehmen Sie sich die Zeit, die Sie brauchen, um Ihrer Intuition nachzuspüren. Vielleicht weniger mit der Frage, ob das Gefühl nun „richtig" ist oder nicht, sondern eher mit der Frage: Was genau ruft mir diese Stimme zu? Und welchen Nutzen verspricht sie? Hören Sie noch einmal genau hin, welche weiteren Stimmen es in Ihrem „inneren Team" gibt. Manche sind sehr leise und wollen gesucht sein. Vergleichen Sie das Ganze mit Ihren Erfahrungen und rationalen Erwägungen und entscheiden Sie dann in Würdigung der verschiedenen rationalen und emotionalen Aspekte (Tipp 74).

> Tipp 74

Achtung!

Seien Sie auf der Hut, wenn Entscheidungen mit dem Hinweis an Sie herangetragen werden, das müsse jetzt schnell und sofort entschieden werden. Sie sollen nicht in erster Linie schnell, sondern vor allem möglichst richtig entscheiden!

71

Anerkennung ist eine starke Motivation; jeder Mensch möchte, dass sein Tun anerkannt wird, Anerkennung ist gut fürs Betriebsklima … Das alles wissen wir und müssen uns dennoch auf die besondere Situation in der Schule einstellen. Die Krux des Schulleiters ist, dass er in den eigentlichen „Produktionsprozess" der Schule, nämlich den Unterricht, nur sporadischen Einblick hat. Selbst bei drei Unterrichtsbesuchen pro Woche (Tipp 45) sieht er die übrigen 400 bis 2000 Unterrichtsstunden nicht! So ist er angewiesen auf die Äußerungen anderer. Er sollte genau hinhören, wenn Schüler oder Eltern von gutem Unterricht des Kollegen X reden. Das sofort zurückzumelden ist ein gutes Lob.

❭ Tipp 45
Das meiste sehen
Sie nicht

Gleich mal ausprobieren

Bekanntlich braucht man beim Lob die Worte nicht auf die Goldwaage zu legen, man kann direkt und deutlich werden. Ein nicht nur vom Betroffenen gehörtes „Gestern wurde im Schulelternbeirat Ihr Einstieg in die Unterrichtseinheit gelobt, alle Achtung!" bringt viel Anerkennung zum Ausdruck.

Nutzen Sie jede, wirklich jede Gelegenheit zu einer persönlichen Anerkennung und achten Sie darauf, dass es nicht beiläufig klingt, dass es auch als solches gehört wird. Und benennen Sie die Leistung, die Sie anerkennen („Ihr Einsatz in der Projektwoche …"), die Wirkung dieser Leistung („… hat besonders zum Gelingen beigetragen …") und die Wirkung auf Sie sowie Ihre Bewertung („… und hat mir besonders imponiert").

Jede Gelegenheit
nutzen

Pauschales Anerkennen kann, muss vielleicht auch sein. Die in der Presse gelobte Projektwoche oder das solidarische Überwinden der letzten Grippewelle sind solche Anlässe, die Sie stets nutzen sollten. Und vergessen Sie in keiner Konferenz darauf hinzuweisen, welches gute Bild die Schule, „unsere Schule", mit ihrer letzten Aktivität in der Öffentlichkeit geboten hat.

Achtung!

Vermeiden Sie aber, Dinge zu loben, die selbstverständlich sind, wie z.B. das pünktliche Erscheinen zur Konferenz. Auch wenn es andere für lobenswert halten, aus Ihrem Munde klingt es falsch.

SCHÄTZE SUCHEN UND VERBREITEN

72

Leider ist das System Schule so komplex, dass es nicht besonders transparent ist. Oft erfährt man gar nicht, was im Laufe der vielen Aktivitäten alles Gutes getan wird. Das reicht von besonders abwechslungsreichem und die Schüler motivierendem Unterricht über nachhaltige Rituale in einer Klasse bis zu dem Lehrer, der durch einen Hausbesuch Eltern und Kind wieder miteinander ins Gespräch bringt und damit dem Schüler eine erstrebenswerte Perspektive schafft. Dass Sie den Lehrer dafür loben, wann immer Sie von seinem positiven Einsatz erfahren, ist klar (Tipp 71). Doch Sie sollten auch die Lehrer dafür gewinnen, es im Kollegium bekannt zu machen und die Nachahmung zu empfehlen. Vielleicht gelingt es Ihnen auch mit der Zeit, andere zu Schatzsuchern zu machen, sodass es ein Merkmal der Schule wird: „Wir besitzen besondere Kompetenzen, erkennen sie und verbreiten sie im Kollegium".

> Tipp 71
Gutes im Kollegium bekannt machen

Gleich mal ausprobieren

Nutzen Sie eine Konferenz/einen pädagogischen Tag zur Schatzsuche. Eine Hälfte des Kollegiums übernimmt die Rolle der Besitzer von Schätzen, zu erkennen durch einen besonderen Button, die andere Hälfte die der Schatzsucher. Aufgabe der Sucher ist es, zum anstehenden Thema mindestens drei Schätze (Personen und Inhalte) zu finden. Dazu bietet sich eine längere „Arbeitspause" von mindestens 30 Minuten bei Kaffee und Kuchen an. Lassen Sie sich und das Kollegium vom Ergebnis überraschen!

Wenn Sie als Schulleiter und in der Rolle des Vorgesetzten einen Mitarbeiter bewerten, beurteilen, kritisieren, ihm Anerkennung und Respekt zollen, dann sollten Sie immer zwischen dem Menschen und seinem Verhalten unterscheiden. Als Mensch darf der Mitarbeiter nämlich so sein, wie er will; sein Verhalten muss sich allerdings nach den Regeln, Normen, Vereinbarungen, Absprachen und Vorschriften richten. Kommt es zu Übertretungen, ist das Verhalten zu kritisieren – und nicht der Mensch (Tipp 53, 76, 77).

❯ Tipp 53, 76, 77
Auf die Sprache
achten

Der Unterschied kommt allein schon in der Sprache, die Sie verwenden, zum Ausdruck. „Sie sind faul, unpünktlich, unzuverlässig, ungerecht …" Mit solchen Formulierungen schreiben Sie dem Menschen etwas zu. Dementsprechend werden derartige Äußerungen häufig als Angriff gewertet, rufen starke emotionale Gegenreaktionen hervor und behindern massiv eine konstruktive Kommunikation.

Aussagen über das Verhalten wie „Sie sind gestern und vorgestern zu spät zur ersten Stunde erschienen!", „Wir haben vereinbart, dass wir das und das machen – Sie haben Ihren Anteil nicht gemacht!" weisen hingegen auf konkrete Vorgänge hin, haben Feststellungscharakter und können besprochen werden. Der Angesprochene empfindet das zwar meist auch als unangenehm, ist aber eher in der Lage, sich damit auseinanderzusetzen.

Zudem sind absolute, pauschalisierende Formulierungen z. B. mit „immer" oder „nie" zu vermeiden, denn auch dahinter verbergen sich Verurteilungen der Person: „Immer kommen Sie zu spät!" = Sie sind unpünktlich; „Nie halten Sie die Vereinbarungen ein!" = Sie sind unzuverlässig.

Gleich mal ausprobieren

Achten Sie gleich in Ihren nächsten Gesprächen sehr genau darauf, zwischen dem Menschen und seinem Verhalten zu unterscheiden – und auf die Reaktionen, die Sie bei Ihrem Gegenüber wahrnehmen.

74

Wieder einmal ist Ihnen der Kollege in der Konferenz ins Wort gefallen, obwohl Sie ihn erst gestern in einer ähnlichen Situation gebeten haben, den anderen ausreden zu lassen. „Jetzt reicht's aber!", rufen Sie ihm zu. „Immer fallen Sie mir ins Wort! Das ist eine Unverschämtheit und das lasse ich mir nicht mehr bieten!" Die anderen Kollegen schauen Sie verwundert an und wenig später fragen Sie sich selbst, was Sie dazu gebracht hat, derart heftig zu reagieren.

Verstehen wir unsere Persönlichkeit selbst als die Gesamtheit unserer Erfahrungen, Emotionen, Muster, Werte, Charakterzüge usw., lohnt sich in bestimmten Situationen die Reflexion zur Frage: Was hat mich dazu gebracht, dass ich mich in diesem Moment als Schulleiter so verhalten habe? Waren das meine Emotionen, meine Grundverhaltensmuster, meine Werte wie z. B. mein Gerechtigkeitssinn? Oder war es meine Ratio und ich habe die Situation vor dem Handeln erfasst, meine Emotionen bewusst wahrgenommen, meine Möglichkeiten gegeneinander abgewogen und dann eine Entscheidung getroffen?

Im ersten Fall wurde ich von einem Teil von mir gesteuert, im zweiten Fall habe ich mich aus meiner Gesamtheit heraus selbst gesteuert. Selbststeuerung meint das bewusste Betrachten und Abwägen der verschiedenen eigenen emotionalen und rationalen inneren Impulse, das bewusste Entscheiden des nachfolgenden Handelns und das eigentliche Handeln gemäß dieser Entscheidung.

Erkennen Sie in Ihrem Verhalten bestimmte Muster, die Ihnen im Nachhinein nicht gefallen, können Sie daran arbeiten. Es entlastet Sie, wenn Sie sich dafür professionelle Unterstützung holen (Tipp 92).

Was hat mich dazu gebracht?

Selbststeuerung bewusst betrachten und abwägen

❯ Tipp 92

Um die Ecke gedacht

Je besser es Ihnen gelingt, auch in schwierigen Situationen Ihre Selbststeuerung beizubehalten, umso konstruktiver wird Ihre Kommunikation.

Gleich mal ausprobieren

Beobachten Sie sich auch einmal während eines kritischen Gespräches oder einer unangenehmen Situation und versuchen Sie herauszufinden, was Sie dazu bringt, sich so zu verhalten, wie Sie sich in dem Moment verhalten. Dann stellen Sie sich die Frage „Was läuft hier gerade ab?" und beantworten sie z.B. mit „Der andere greift mich an/macht mir Vorwürfe/lenkt vom Thema ab/appelliert an meine Fürsorge/spielt mit mir – und ich rechtfertige mich/streite ab/lasse mich gern vom Thema ablenken/nehme dem anderen Verantwortung für sein Handeln ab/spiele gern mit. – Will ich das wirklich?" Wenn die Antwort Nein lautet, dann handeln Sie bewusst danach, was Sie jetzt als das Richtige ansehen: Sagen Sie Ihrem Gegenüber, was er gerade macht und dass Sie das nicht mitmachen. Sagen Sie, was Sie stattdessen wollen!

75

Die Gesamtkonferenz beschließt auf Ihre Initiative hin und nach langer, kontroverser Diskussion, Jahrgangsteams einzuführen. Einige Kollegen haben Bedenken dagegen geäußert, auf die ihrerseits erwartete Mehrarbeit aufgrund der zusätzlichen Abstimmungsrunden hingewiesen und ihren Widerstand aktiv oder passiv geäußert.

Als Schulleiter gehen Sie so damit um, dass Sie einerseits Ihrer Ergebnisverantwortung (jeden Schüler zum bestmöglichen Abschluss zu bringen; die Schule weiterzuentwickeln usw.) und andererseits Ihrer Humanverantwortung (Fürsorgepflicht, Entwicklung des Personals) gerecht werden.

Ihren Äußerungen bei einer angekündigten Veränderung nach lassen sich die Kollegen grob vier Gruppen zuordnen:

- „Ja": Das sind die Zugpferde, die sofort anfangen wollen.
- „Ja – aber": Diese Kollegen spielen (Tipp 35) oder nennen noch einen Hinderungsgrund; („Ich würde ja, aber mit Kollegin A kann ich nicht zusammenarbeiten.")

❯Tipp 35

- „Nein – weil": Diese Kollegen sind dagegen, nennen aber einen relevanten Ablehnungsgrund. („Ich bin jetzt schon überlastet und dann soll noch mehr dazukommen.")
- „Nein": Gemeint sind diejenigen, die zu allem und einfach nur aus Prinzip Ablehnung zeigen („Alles, was von der Schulleitung kommt, zielt auf Mehrarbeit, schränkt mich in meiner Freiheit ein usw."); die Begründungen für ihre Ablehnung klingen manchmal pädagogisch, sind aber häufig nur vorgeschoben; diese Gruppe wird im Weiteren als Totalverweigerer bezeichnet.

Jeder Gruppe und Ihren Mitgliedern müssen Sie als Schulleiter Beachtung schenken und entsprechend reagieren, damit Sie Ihrer Gesamtverantwortung gerecht werden.

Häufig wird denen, die sich einbringen und gute Arbeit leisten, zu wenig Aufmerksamkeit gegeben – „Bei denen läuft's ja!" Aber gerade die haben Ihre Aufmerksamkeit verdient (Tipp 54). Allzu oft konzentrieren sich Schulleiter auf die Totalverweigerer und stecken sehr viel Zeit und Kraft in die Auseinandersetzung mit ihnen. Diese Gruppe hat aber am wenigsten Zuwendung verdient. Wichtig ist nur aufzupassen, dass sie nicht in andere Gruppen hineinwirkt. Hier gilt es also, Grenzen zu setzen:

- Verdeutlichen Sie ihnen, was sie gerade machen (hilft manchmal);
- machen Sie ihnen klar, dass Sie auf dieser Ebene nicht weiterdiskutieren;
- erklären Sie ihnen, dass Sie aus Ihrer Verantwortung für das Gesamtsystem Grenzen setzen;
- sagen Sie ihnen sehr deutlich, was Sie von ihnen erwarten, was Sie nicht tolerieren (z. B. im Kollegium Stimmung zu machen) und welche Folgen ihr Handeln haben wird (hilft häufiger) (Tipp 76, 77) (s. u.).

Um die Ecke gedacht

Es geht dabei nicht darum, eine Drohung auszustoßen, sondern dem bzw. den betreffenden Kollegen eine Entscheidungsgrundlage für sein/ihr Handeln zu geben.

> Tipp 54

Totalverweigerern Grenzen setzen

> Tipp 76, 77

Geben Sie mehr Kraft in die Ja-aber- und die Nein-weil-Sager; bei ihnen können Sie mit gewissem Aufwand einen großen Effekt erzielen. Bewährter Umgang mit

- Nein-weil-Sagern: Hinderungsgründe verstehen wollen; vielleicht Brücken bauen („Lassen Sie uns über Ihr Überlastungsempfinden sprechen: Helfen Sie mir zu verstehen, welches die Ursachen dafür sind!");
- Ja-aber-Sagern: Ermutigung aussprechen, Wertschätzung zeigen, Zuwendung geben („Was genau steht denn zwischen Ihnen und Frau A? Vielleicht können wir die Teams auch anders zusammensetzen!");
- Ja-Sagern (den Zugpferden): Raum geben, Anerkennung zollen, Darstellungsmöglichkeiten bieten, immer wieder Aufmerksamkeit zeigen.

Gleich mal ausprobieren

Zu einem gegebenen Vorhaben ordnen Sie für sich die Kollegen den Klassen zu, diskutieren das mit Ihrem Schulleitungsteam und legen dann Ihre Vorgehensweisen fest.

Ein Patentrezept für konkrete Widerstandsbearbeitung gibt es natürlich nicht. Aber: Verschleißen Sie Ihre Kräfte nicht in einer langen Auseinandersetzung mit den Totalverweigerern, sondern konzentrieren Sie Ihre Aufmerksamkeit ganz besonders auf die anderen, die Ihre Unterstützung, Ihre Ermutigung, Ihre Anerkennung brauchen – mit denen können Sie Ihre Schule weiterentwickeln!

Kräfte nicht verschleißen

UMGANG MIT FEHLVERHALTEN

76

Ein Kollege hat seine Pausenaufsicht nicht gemacht. Sie sollten ihn gleich beim „ersten Mal" deutlich darauf ansprechen: „Herr Kollege, Sie haben heute in der zweiten Pause Ihre Aufsicht nicht wahrgenommen. Das toleriere ich nicht. Ich erwarte von Ihnen, dass Sie jede Ihrer Aufsichten ordnungsgemäß durchführen."

Am Beispiel erkennen Sie die Technik:
1. Eigene Wahrnehmung schildern
2. Bewertung der Wirkung benennen
3. Erwartung aussprechen.

Zielsetzung klar machen

Sie begeben sich auf vielleicht ungewohntes, auch unangenehmes Terrain. Machen Sie sich vor dem Gespräch Ihre Zielsetzung noch einmal klar. Es geht darum,

- dem Kollegen zu zeigen, dass Sie Regelverletzungen nicht dulden,
- im Interesse der anderen Lehrer, der Schüler und Eltern einer verlässlichen Regelbasis Geltung zu verschaffen,
- der Schulgemeinde zu zeigen, dass Sie Ihre Rolle als Vorgesetzter auch in kritischen Situationen wahrnehmen.

❯ Tipp 77

In sehr vielen Fällen reicht eine kurze Ansprache aus und das beanstandete Verhalten tritt nicht wieder auf. Und falls doch, ist es Zeit, ein formales Kritikgespräch (Tipp 77) zu führen.

Achtung!

Führen Sie dieses Gespräch in der Regel unter vier Augen. Findet die Übertretung öffentlich statt (z.B. Zuspätkommen in der Konferenz), kann der Hinweis auch öffentlich erfolgen. Diskutieren Sie nicht mit dem Kollegen, Sie wollen weder eine Entschuldigung noch die Gründe hören. Ihnen geht es um die oben genannten Ziele!

KRITIKGESPRÄCH FÜHREN

77

Verletzt ein Kollege trotz Ihrer vorhergehenden Ermahnung zum wiederholten Male eine Regel oder handelt es sich um eine schwerwiegende Übertretung, so steht für Sie als Schulleiter ein formales Kritikgespräch mit diesem Kollegen an. Das ist in der Regel weder erfreulich noch angenehm. Um die Sache erfolgreich über die Bühne zu bringen, wird es Ihnen helfen, wenn Sie sich an eine bestimmte Vorgehensweise halten.

Fordern Sie den Kollegen auf, in Ihr Amtszimmer zu kommen: „Kommen Sie (bitte) morgen zu 8:00 Uhr in mein Büro." (Wenn Sie das „bitte" benutzen, intonieren Sie es nicht als Bitte, sondern als Aufforderung.) Nennen Sie das Thema, z. B. „Es geht darum, dass Sie heute in der zweiten Pause zum wiederholten Mal Ihre Pausenaufsicht nicht gemacht haben!"

Achtung!

Lassen Sie sich auf keinen Fall jetzt in das eigentliche Gespräch verwickeln. Darauf müssen Sie sich ordentlich vorbereiten!

Sie können den betreffenden Kollegen auch schriftlich einladen. Benutzen Sie dieselben Formulierungen. Sie führen das Gespräch mit ihm allein, wenn er allein kommt; wenn er jemanden mitbringt, holen Sie Ihren Stellvertreter hinzu. Klären Sie das möglichst vor dem Gespräch. Der, der mitkommt, darf mithören – Sie sollten ihn aber nicht in das Gespräch involvieren!

Das Gespräch verläuft in folgenden Phasen:

Gesprächsphasen

▬ Einleitung:

„Guten Tag Herr/Frau ... , nehmen Sie bitte Platz. Ich spreche heute mit Ihnen über Ihre Pausenaufsicht."

▬ Phase 1 (Konfrontieren):

Tatbestand (konkret!): „Sie haben gestern zum wiederholten Male Ihre Pausenaufsicht in der zweiten Pause nicht gemacht."

Bewertung: „Damit verletzen Sie Ihre Dienstpflicht!"

Ihre Haltung dazu: „Das toleriere ich nicht!"

Aufforderung zur Stellungnahme: „Was sagen Sie dazu?"

Der andere gibt zu/weicht aus/streitet ab/...

Sie unterbrechen ggf. und fassen zusammen: „Ich sehe, dass Sie das genauso bewerten wie ich."/„Ich sehe, dass wir das unterschiedlich bewerten."

Achtung!

> Lassen Sie sich nicht in eine Diskussion ziehen! Sie müssen nicht überzeugen, Sie müssen auch nichts rechtfertigen – selbst wenn der Kollege Sie dazu drängt.

▬ Phase 2 (Orientieren):

Erwartung nennen: „Ich erwarte von Ihnen, dass Sie ab sofort … tun." (z. B.: „… dass Sie jede Ihrer Aufsichten wahrnehmen, d. h., dass Sie unmittelbar nach dem Klingeln zum Ende der Stunde zu Ihrem Aufsichtsort gehen und die Aufsicht die ganze Pause über führen.") „Wie stehen Sie dazu?" Der Kollege stimmt zu/lehnt ab/lenkt ab/…

Bei Zustimmung verstärken Sie: „Wie wollen Sie sicherstellen, dass Sie das ab jetzt immer schaffen?" Vielleicht treffen Sie auch eine Vereinbarung, die Sie kontrollieren können.

Bei Ablehnung haken Sie nach: „Stopp! Ich wiederhole meine Erwartung: Ich erwarte von Ihnen, dass Sie …"

Und dann nennen Sie Ihren nächsten Schritt: „Damit Sie eine Entscheidungsgrundlage für Ihr Verhalten haben, ist es mir wichtig, dass Sie wissen, welches mein nächster Schritt sein wird, falls Sie sich nicht so verhalten, wie ich das von Ihnen erwarte: Ich werde … machen." (z. B.: Gespräch beim Schulrat/Dezernenten, Eintrag in die Akte usw.)

Achtung!

> Das interpretieren manche Lehrer als Drohung. Diese Beschreibung des nächsten Schrittes ist jedoch zu sehen als eine Aufforderung abzuwägen, ob die beschriebene Sanktion in Kauf genommen werden will. Ethisch wäre es bedenklich, wenn Sie den nächsten Schritt einfach durchführen würden, ohne ihn vorher angekündigt zu haben. („Ja, wenn ich das gewusst hätte, dann … Warum haben Sie mir das nicht vorher gesagt?")

Abschluss:

Dann beenden Sie das Gespräch: „Auf Wiedersehen." Bedanken müssen Sie sich an dieser Stelle nicht.

Achtung!

Ein gut geführtes Kritikgespräch dauert fünf bis zehn Minuten. Dauert es länger, ist das ein Hinweis darauf, dass nicht Sie das Gespräch führen, sondern der andere, und dass Sie vom eigentlichen Thema abgekommen sind. Vielleicht wollen Sie Ihr Gegenüber überzeugen oder überreden oder sie wollen Recht haben. Darum sollte es hier aber nicht gehen: Thema ist das konkrete Fehlverhalten des Kollegen.

Um die Ecke gedacht

Auch professionell geäußerte Kritik ist eine Wertschätzung (Tipp 53).

❯ Tipp 53

LEHRER ZUGEWIESEN BEKOMMEN

78

Es gibt sie an jedem Arbeitsplatz, die Kollegen mit „schwierigem Verhalten" – an der Schule natürlich ebenfalls. Früher oder später werden auch Sie wahrscheinlich in die Situation kommen, dass die Schulaufsicht Sie um die Übernahme eines Kollegen bittet, der schon zahlreiche und nicht ganz freiwillige Schulwechsel hinter sich hat. Er ist ein bekannter „Wanderpokal". Doch welche Schwierigkeiten es mit ihm bisher auch immer gegeben hat – für eine Kündigung reichte es nicht aus, denn diese ist ja (gerade bei Beamten) mit besonderen Hürden verbunden.

Einem solchen Lehrer können Sie mit seiner Aufnahme an Ihrer Schule eine Chance eröffnen. Seien Sie gleich beim ersten Gespräch deutlich in Ihren Aussagen:

Chance eröffnen

Ich kenne Ihre Vorgeschichte, heute lerne ich Sie erst mal unbefangen persönlich kennen.

- An unserer Schule erhalten Sie die Chance, einen Neubeginn zu machen.
- Was werden Sie anders machen als an Ihrer bisherigen Schule?
- Das Leitbild unserer Schule nennt folgende Ziele … Ich erwarte, dass auch Sie sich diese Ziele zu eigen machen und darauf hinarbeiten.
- Die Zusammenarbeit der Kollegen ist gut und vertrauensvoll, d. h., wenn Sie Unterstützung brauchen, bekommen Sie die hier. Darauf werde ich in sehr allgemeiner Form bei Ihrer Vorstellung hinweisen.
- Ich erwarte, dass Sie sich konstruktiv in unsere Schule einklinken.
- Kommen Sie bitte in vier Wochen auf mich zu und berichten mir, wie Sie Ihre Situation einschätzen und was Sie getan haben.

Achtung!

❯Tipp 21

Werden Sie von der Schulaufsicht (Tipp 21) nicht über die Vorgeschichte informiert und tappen Sie eine Weile im Dunkeln, dann haben Sie allen Grund zu einem ernsten Gespräch mit Ihrem Schulrat. Bestehen Sie darauf, in Zukunft informiert zu werden. Es geht Ihnen nicht darum, solche misslichen Aufträge abzulehnen, sondern um vertrauensvolle Zusammenarbeit. Lassen Sie vor allem nicht gelten: „Ich wollte, dass Sie unbefangen an die Sache herangehen." Das widerspricht dem Loyalitätsprinzip und unterstellt Ihnen, dass Sie mit der Information nicht professionell umgehen können. Das können Sie mit Recht ablehnen.

Unsere Ausführungen beziehen sich auf Anlassbeurteilungen (wie bei Verbeamtung, der Regelbeurteilung oder der Beurteilung bei Bewerbungen), die dem Schulleiter einen gewissen Freiraum zur individuellen, der Lehrerpersönlichkeit entsprechenden Beurteilung lassen. Formale Ankreuzverfahren werden hier nicht behandelt.

Alle Lehrer beurteilen täglich Schülerleistungen. Da erstaunt es immer wieder, wie empfindlich viele Kollegen reagieren, wenn sie selbst in ihrer Leistung als Lehrer beurteilt werden. Hier ist einerseits große Transparenz Ihrer Beurteilungsmaßstäbe und andererseits Vertraulichkeit der individuellen Aussagen über einen einzelnen Lehrer geboten.

Für Transparenz und Vertraulichkeit sorgen

Eröffnen Sie dem Kollegen, dass eine Beurteilung Ihrerseits ansteht und Sie dieses Dienstgeschäft nur gemeinsam erledigen können. Sagen Sie ihm, welche Informationen er zusammenstellen soll, und benennen Sie genau, welche Teile der Beurteilung Sie vornehmen werden.

Beurteilung gemeinsam erledigen

Sie haben Ihr Bild, doch stimmt das mit dem Selbstbild des Lehrers überein? Bieten Sie den Lehrern zur Selbsteinschätzung, besonders bei Bewährungsfeststellungen, die im Folgenden aufgelisteten Stichworte des Viktorsberger Protokolls[4] an.

- Lernbereitschaft/Lernfähigkeit
- Selbstständigkeit
- Fachkompetenz
- Methodische Kompetenz („Lehrgeschick")
- Soziale Kompetenz
- Persönliche Kompetenz (auch „Ausstrahlung")
- Sprech- und Sprachkompetenz
- Flexibilität im Umgang mit (schwierigen) Schülern
- Umgang mit Vorschriften

---

4 aus: Ergebnisprotokoll des Pädagogischen Institutes des Bundes für Vorarlberg vom 30.11.1990 (Viktorsberg)

Das Viktorsberger Protokoll wurde über das Pädagogische Institut in Vorarlberg in mehreren Beratungen zwischen Schulaufsicht, Schulleitern und Betreuungslehrern unter wissenschaftlicher Assistenz der Universität St. Gallen entwickelt und 1990 verabschiedet.

Viele Lehrer sind dankbar, wenn sie von Ihnen die Gelegenheit und eine Struktur erhalten, um einmal über sich nachzudenken. Bei der Frage, ob es dann Ihrem Bewährungsbericht beigefügt werden soll, entscheiden sich auch Lehrer dagegen, weil es ihnen reicht, es für sich gemacht zu haben.

80 ÜBER DAS „MÜSSEN" ENTSCHEIDEN

„Als Schulleiter müssen Sie … tun, Sie müssen authentisch sein, Sie müssen darauf achten, dass …" Vielleicht haben Sie das gehört – oder glauben es sogar noch?!

Genau genommen müssen Sie zunächst gar nichts!

Sie haben sich freiwillig für dieses Amt entschieden. Daraus

Pflichten des Amtes ergeben sich Pflichten, die mit diesem Amt verbunden sind, und die haben Sie mit der Amtsübernahme akzeptiert. Der Rest ist das, was Sie glauben, dass Sie es müssen, oder was

❯ Tipp 81 andere Ihnen zurufen, dass Sie es müss(t)en (Tipp 81).

Gleich mal ausprobieren

Machen Sie sich einmal Gedanken zu folgender Frage: Was glauben Sie, was Sie als Schulleiter (jenseits der Vorschriften und Gesetze) „müssen"? Und nachdem Sie das aufgeschrieben haben, tauschen Sie sich einmal darüber mit einem erfahrenen Schulleiter aus.

Die Kunst besteht darin, den eigenen Weg als Schulleiter zu

Gestaltungsspielraum ist groß finden. Der Gestaltungsspielraum ist nämlich sehr groß! Auf Dauer überstehen Sie dieses Amt nur, wenn Sie die Rolle so ausgestalten und ausfüllen, dass sie zu Ihnen passt. Und dazu sollten Sie möglichst viel über sich selbst wissen

❯ Tipp 74 (Tipp 74):

- Was brauchen Sie, um Erfüllung, Befriedigung, Motivation in Ihrer Arbeit zu finden? Bietet Ihnen Ihre Rolle an dieser Schule die Gelegenheit dazu?
- Was können Sie einbringen? Welche Ihrer Stärken braucht Ihre Schule von Ihnen?

Je stärker Ihr Bedürfnis und Ihre Fähigkeiten zu der Schule und der Rolle passen, umso eher können Sie Sie selbst sein!

Um die Ecke gedacht

Die Schule und die Rolle an dieser Schule müssen zu Ihnen passen, nicht umgekehrt. Gehen Sie deshalb nur an eine Schule, die zu Ihnen passt.

KRITIK UND ABLEHNUNG AUSHALTEN

81

Ist es nicht schön, Bestätigung, Lob zu erhalten? Unangenehm wird es, wenn man es dem anderen nicht recht macht – dann bekommt man stattdessen Missachtung, Ablehnung und es entstehen Konflikte.

Nicht jeder kann gleich gut mit Ablehnung umgehen. Wenn Sie Ablehnung stark trifft, arbeiten Sie daran, Distanz aufbauen zu können. Wenn Sie ein starkes Bedürfnis nach Anerkennung und Zuwendung haben, holen Sie sie sich – aber außerhalb der Schule. Arbeiten Sie auch daran, dass der Drang nach Anerkennung Ihr Verhalten nicht (mehr) bewusst oder unbewusst steuert, und holen Sie sich Unterstützung (Tipp 92). Andernfalls laufen Sie Gefahr, sich in Abhängigkeiten, Sonderfällen, Verantwortungsübernahmen und Ausnahmeregelungen zu verstricken, unter deren Last Sie irgendwann zusammenbrechen.

Tun Sie das, was Sie für richtig halten – nicht das, was Sie glauben zu müssen, oder das, wovon Sie glauben, dass es die anderen von Ihnen erwarten. Lernen Sie, Kritik und Ablehnung auch mal auszuhalten. Es ist nämlich nicht Ihre

Distanz aufbauen

> Tipp 92

Aufgabe, dass Sie es den Lehrern an Ihrer Schule recht machen, sondern dass Ihre Schüler den individuell bestmöglichen Lernabschluss erreichen.

Gleich mal ausprobieren

Hilfreich bei der Entscheidungsfindung „muss ich oder muss
ich nicht" ist eher eine führungsethische Fragestellung der
Art: „Wenn ich meine Ergebnisverantwortung und meine
Humanverantwortung für das System meiner Schule ernst

❯ Tipp 68

nehme – was ist oder wäre dann jetzt das Richtige?" **(Tipp 68)**
Die Antworten darauf gefallen einzelnen nicht – müssen sie
auch nicht!

82 BANGE MACHEN GILT NICHT

❯ Tipp 56

Wissen Sie eigentlich, worauf Sie sich als Schulleiter einlas-
sen? Sie sind für alles verantwortlich (Tipp 56)! – Wie wollen Sie das bloß schaffen …

Lassen Sie sich bloß nicht verrückt machen! Es wird nur
erwartet, dass Sie die wichtigen (richtigen) von den weniger
wichtigen Aufgaben unterscheiden und die wichtigen einer
Umsetzung zuführen. Nicht mehr – aber auch nicht weniger!

Innehalten
statt Hektik

Es ist völlig normal, wenn Phasen auftreten, in denen man
sich als Schulleiter überfordert fühlt. Hier ist nicht Hektik,
sondern Innehalten angesagt. Denken Sie daran, dass Sie
in Ihrem Kollegium auch immer Kollegen haben, die sich
gerne für die Schule engagieren möchten. Nutzen Sie die
Energien, Motivationen und Initiativen aus, die vorhanden
sind.

Und wenn Sie einmal falsch entschieden haben, bricht dadurch die Schule nicht gleich zusammen – also lernen Sie
einfach daraus!

Rational ist das alles völlig klar, emotional sieht das für viele aber manchmal doch etwas anders aus. Spüren Sie in sich
hinein und erkennen Sie, woher die Einstellungen „Ich

muss alles machen", „Nur ich bin verantwortlich" usw. kommen (Tipp 74). Vertrauen Sie auf Ihre Intuition, Ihr Gespür und ein kritisches Hinterfragen, schaffen Sie sich kritische Freunde und ein Netzwerk von Kollegen, mit denen Sie den vertraulichen Austausch pflegen können: „Wie machst du das eigentlich?" „Wie gehst du mit dem Erlass um?"

❯ Tipp 74
Vertrauen Sie Ihrer Intuition

Und natürlich ist jeder der Kollegen in der Schulleitung und im Kollegium für sein Handeln verantwortlich, sie sind ja schließlich erwachsen. Sie als Schulleiter müssen allerdings kontrollieren und konsequent agieren (Tipp 76).

❯ Tipp 76

Zwischendurch Auszeiten nehmen

83

„Darf ich mir tagsüber eigentlich auch kleine Auszeiten nehmen, damit es mir besser geht?" Viele Schulleiter beantworten sich die Frage mit einem unsicheren „Jein" – und vor allem mit einem schlechten Gewissen …

Sie *dürfen* nicht nur etwas für Ihr persönliches Wohlergehen tagsüber tun, Sie *müssen* es sogar! Sonst werden Sie Ihrer Verantwortung, Ihre Schule angemessen zu führen, nicht gerecht. Dazu brauchen Sie nämlich Ihre ganze Kraft und Aufmerksamkeit; und wenn die tagsüber nachlässt, haben Sie dafür zu sorgen, Ihren Akku wieder aufzufüllen – sonst steigt die Gefahr, dass Sie nicht mehr angemessen entscheiden, reagieren, führen! Was für Sie eine geeignete Auszeit ist, können nur Sie entscheiden.

Den Akku wieder auffüllen

Gleich mal ausprobieren

Spüren Sie einmal nach, was Sie tagsüber gern für sich für einige Minuten täten, z. B. Zeitung lesen, eine Runde an der frischen Luft gehen, ein Schwätzchen mit Ihrem Stellvertreter halten, im Sekretariat den rituellen Espresso trinken usw. Und dann machen Sie es – und spüren dabei, wie es Ihnen geht. Schlechtes Gewissen? – Halten Sie dem entgegen: „Ich soll das sogar machen, um meiner Verantwortung gerecht zu werden!"

› Tipp 31

Wenn Sie das nicht gerade während der Zeiten tun, in denen Sie präsent und ansprechbar sein müssen (Tipp 31), läuft die Schule einfach weiter. Wenn es Sie beruhigt: Die Brandnachrichten erreichen Sie über das Handy trotzdem.

Manchen hilft es, diese Auszeiten als „Werbungskosten" zu verstehen, die Sie aufwenden müssen, um Ihre verantwortliche Tätigkeit auch angemessen durchführen zu können.

84

NACH DER SCHULE ABSCHALTEN

Wenn Sie den ganzen Tag unter Strom stehen, leeren Sie kontinuierlich Ihren Akku: Ihre Fähigkeit, aufmerksam zu sein, Zusammenhänge und Situationen in ihrer ganzen Tragweite zu erkennen, lassen stetig nach. Wann und wie zwischendurch Ihr Akku aufgeladen werden muss, können nur Sie für sich entscheiden (Tipp 83). Am Ende Ihres Arbeitstags sollten Sie jedenfalls konsequent Schulthemen in der Schule lassen, um den Kopf freizubekommen.

› Tipp 83
Schulthemen in der Schule lassen

Achtung!

Die Wochenenden sind nicht dazu da, regelmäßig das Liegengebliebene auf- und die neue Woche vorzubereiten!

Um die Ecke gedacht

Schalten Sie wirklich ab: Ihre nichtschulische Umgebung dankt es Ihnen sehr. („Du bist hier nicht in deiner Schule!") Und Ihre eigene Balance hat die Chance, Ungleichgewichte zu kompensieren; Sie tun sogar etwas für Ihre Fähigkeit, die Schule zu führen!

Abzuschalten fällt vielen Schulleitern schwer. Manche nehmen sich deshalb ganz bewusst eine Aufgabe außerhalb der Schule, die sie kurzzeitig, aber regelmäßig in eine andere Welt eintauchen lässt: Chor, Beiräte, Sport usw. Von den anderen hören sie dann gerne mal Sätze wie: „Aber dann bleibt doch so vieles liegen!" (Tipp 88) oder „Also ich habe für solche Sachen leider keine Zeit!" Die Zeit müssen auch Sie sich dafür schon nehmen, von allein kommt sie nicht! Organisieren Sie sich konsequenter (Tipp 69). „Aber ich kann doch nicht …!" Weshalb eigentlich nicht? Was befürchten Sie?

Und wenn das alles nicht hilft, suchen Sie sich Unterstützung (Tipp 92). Sie handeln professionell, wenn Sie sich die Hilfe holen, die Sie brauchen; und mindestens unprofessionell, vielleicht sogar unverantwortlich, wenn Sie es sein lassen und nicht mehr abschalten.

❯ Tipp 88
Sich die Zeit nehmen

❯ Tipp 69

❯ Tipp 92

SICH WEITERENTWICKELN

85

Zu Ihrer Rolle als Schulleiter gehören der Wille und die Fähigkeit, ständig dazuzulernen und sich weiterzuentwickeln. Nehmen Sie sich die Zeit und finden Sie geeignete Orte und Begegnungen, die es Ihnen ermöglichen, Ihre Visionen enstehen und im Dialog mit anderen reifen zu lassen. Dazu müssen Sie auch immer wieder die eigene Schule verlassen. Mit der Zeit werden Sie sich ein eigenes Portfolio an Fortbildungen, Coachings, Netzwerken und Vortragsangeboten zusammenstellen, interessante Menschen treffen, manchen aber auch immer wieder begegnen.

Zum Dialog die Schule verlassen

Um die Ecke gedacht

Anfangs werden Sie vermutlich dringend Alltagstechniken des Verwaltungshandelns lernen müssen. Geben Sie diesen Kompetenzen nicht zu viel Gewicht. Mit der Entwicklung einer klaren Haltung zu Ihrem Führungsauftrag (Tipp 60) werden Sie auch leichter mit eventuellen Schwächen in Ihrem Leitungsauftrag umgehen können. Leitungsaufgaben sind oft delegierbar, Ihre Führungsaufgabe ist es nicht – auch wenn Sie diese im Team ausüben, haben Sie eine herausgehobene Rolle. Entwickeln Sie deshalb insbesondere Ihre Führungsfähigkeiten immer weiter.

❯ Tipp 60

86 LOSLASSEN KÖNNEN

Das Loslassen beinhaltet Aspekte der eigenen Hygiene und der Wertschätzung. Sie können nur etwas Neues übernehmen, wenn Sie dafür auch etwas anderes loslassen. Wenn Sie nichts an Ihre Kollegen abgeben, werten Sie sie ethisch ab, denn Sie trauen Ihnen das nicht zu. Sie befriedigen vielleicht Ihr Ego, gehen jedoch weder verantwortlich mit der Schule, noch mit sich selbst um!

Das Nichtabgeben hat nicht nur fatale Folgen für Sie, sondern auch für das System: Sie sind das Nadelöhr – und durch das Nadelöhr soll immer mehr durch.

Wenn Ihnen das Abgeben schwerfällt, reflektieren Sie einmal darüber, was konkret Sie seit Ihrer Amtsübernahme als Schulleiter losgelassen, abgegeben haben. Tauschen Sie sich darüber dann mit einem erfahrenen Schulleiter aus oder holen sich die Unterstützung (Tipp 92).

> ❯ Tipp 92

87 UMGANG MIT VERSCHOBENEM

> ❯ Tipp 63

Fast alle Schulleiter machen sich einen mehr oder weniger genauen Wochenplan (Tipp 63); z. B. nach der ALPEN-Methode nach L. Seiwert (1995):

- **A**ufgaben benennen,
- **L**änge und Aufwand abschätzen,
- **P**ufferzeit einrechnen,
- **E**ntscheiden und einplanen,
- **N**ichtgemachtes nachverfolgen.

Im Plan stehen dann einerseits die Termine und andererseits die Themen, die bedient werden wollen. Am Ende der Woche wird geschaut, was nicht geschafft wurde, und das wird dann in die nächste Woche geschoben. Bei manchem Schulleiter wächst so ein Berg von Themen an, die schon seit Wochen eingeplant sind, für die aber „einfach keine Zeit" gefunden wird.

Machen Sie sich die Mühe, die Themen anzuschauen, die Sie regelmäßig verschieben – und versuchen Sie herauszufinden, weshalb Sie das tun (Tipp 74). Wenn Sie dabei die Begründung „Zeitmangel" einmal außer Acht lassen, was bleibt dann noch als Motiv? Sind diese Aktivitäten unangenehm oder sind sie nicht wirklich wichtig?

❯ Tipp 74

Unangenehm oder unwichtig?

Wenn die aufgeschobenen Themen unangenehm sind, erledigen Sie sie gleich als Erstes! Wenn sie nicht wirklich wichtig sind – streichen Sie sie aus Ihrer Liste und delegieren Sie sie.

Und wenn Sie doch nur bei „Zeitmangel" bleiben, dann haben Sie in Wahrheit andere Aspekte vorgezogen und dafür die vorhandene Arbeitszeit benutzt – damit sind Sie wieder bei einem der ersten beiden Kriterien … Seien Sie ehrlich! Überarbeiten Sie Ihre Offene-Punkte-Liste konsequent: Delegieren, streichen und den Rest machen (oder bewusst liegen lassen) (Tipp 88).

❯ Tipp 88

AUSHALTEN, SACHEN LIEGEN ZU LASSEN

88

Auch Ihr Tag hat nur 24 Stunden – und einen gewissen Anteil davon brauchen Sie dafür, Ihr Aufmerksamkeitspotenzial und Ihre Entscheidungsfähigkeit wieder aufzuladen (Tipp 83). Da bleiben dann eben Sachen liegen. Sie sollten nur darauf achten, dass die richtigen Sachen liegen bleiben (Tipp 68).

❯ Tipp 83

❯ Tipp 68

Wenn Sie zu denen gehören, die nur mit schlechtem Gewissen abends das Amtszimmer verlassen oder sich die Aktenberge mit ins Wochenende nehmen, weil eigentlich noch Einiges hätte erledigt werden müssen, dann ist das auf Ihre Empfindung und Ihre innere Haltung zurückzuführen. Vielleicht hilft Ihnen dann die folgende Stapelmethode:

Gleich mal ausprobieren

Alles, was auf Ihrem Tisch landet, ordnen Sie möglichst in dem Moment nach „Wichtig-ich", „Wichtig-Kollege-X", „We-

niger-wichtig" und „Abwehren". Das „Wichtig-ich" planen
❯ Tipp 69, 87 Sie ein (Tipp 69, 87); was nicht einzuplanen geht, wird entweder doch delegiert oder auf den „Weniger-wichtig"-Stapel
gelegt.

Den „Weniger-wichtig"-Stapel häufen Sie 14 Tage an – und
zwar nicht auf Ihrem Schreibtisch, sondern in einer Schubla-
de oder einem Schrank. Während dieser Zeit können Sie gern
das eine oder andere aus diesem Stapel hervorholen.

Nach 14 Tagen legen Sie den Stapel neben dem Papierkorb ab
und beginnen einen zweiten Stapel.

Nach weiteren 14 Tagen werfen Sie den ersten Stapel in den
Papierkorb oder legen ihn in ein Archiv, ohne ihn ein weiteres
Mal anzuschauen, legen den zweiten Stapel an dessen Stelle
neben den Korb und beginnen einen neuen Stapel.

Auf diese Weise sind die weniger wichtigen Sachen der letzten vier Wochen noch greifbar – wenn sich dazu aber nichts
tut, dann scheint Ihre Einschätzung so verkehrt nicht gewesen zu sein. Und Sie können jeden Abend guten Gewissens
das Amtszimmer verlassen, denn die wichtigen Sachen haben Sie bearbeitet, eingeplant oder delegiert.

Um die Ecke gedacht

Die wirklich wichtigen Themen melden sich fast immer
ganz von selbst wieder! Sie müssen nur den Mut haben,
das eine oder andere liegen zu lassen und manchmal dafür einen kritischen Hinweis einzustecken. Je mehr Erfahrung Sie mit solchen Rückmeldungen machen, umso sou-
veräner werden Sie mit ihnen umgehen können.

Wenn Sie das Problem kennen, mit der hier vorgeschlage-
nen Herangehensweise aber nichts anfangen können, dann
❯ Tipp 92 holen Sie sich individuelle Unterstützung (Tipp 92).

89

Als Schulleiter tragen Sie Verantwortung. Das verleitet manche Kollegen oder auch Eltern zu dem Trugschluss, dass Sie ganz allgemein dafür zuständig seien, Probleme zu lösen. So wird es immer wieder Situationen geben, in denen man Probleme an Sie heranträgt, die eigentlich privater Natur sind oder mit denen man versucht, unangenehme Verantwortlichkeiten bei Ihnen „abzuladen".
Bleiben Sie konsequent …

Achtung!

Prüfen Sie sehr genau und kritisch, ob in solchen Fällen Ihre Fürsorgepflicht greift oder nur ein zu starkes Helfersyndrom Sie zum Helfen auffordert. Achten Sie immer darauf, wer wofür in der Verantwortung steht. „Wofür ist der andere verantwortlich – und nicht ich? Wofür bin ich verantwortlich – und nicht der andere?" Und dann handeln Sie danach (Tipp 48).

❯ Tipp 48

SOS-Tipp

In Ihrem ureigensten Interesse sollten Sie am Freitagmittag weder einem Lehrer noch Schülern oder Schülereltern zusagen, dass Sie sich sofort um etwas kümmern oder sich über etwas Gedanken machen werden. Denn dann nehmen Sie es mit ins Wochenende (Tipp 84).
Entscheiden Sie zunächst, ob Sie überhaupt die richtige Ansprechperson sind (s. o.). Falls dem tatsächlich so ist, teilen Sie dem Lehrer mit, wann Sie sich mit dem Problem befassen werden. Mit einer verbindlichen, aber von Ihnen bestimmten Verschiebung ist Ihnen beiden geholfen.

❯ Tipp 84

Nehmen Sie sich die Regel aus der Mediation zu Herzen: Die Verantwortung für das Lösen von Problemen bleibt bei demjenigen, der das Problem hat – und zwar aus zwei Gründen:

- Sie selbst haben genügend damit zu tun, Ihrer eigenen Verantwortung gerecht zu werden. Bürden Sie sich nicht unnötig Zusätzliches auf (auch wenn es schwerfällt)!
- Wenn Sie dem anderen die Verantwortung abnehmen, obwohl er sie selbst tragen könnte, werten Sie ihn ethisch ab! „Ich traue Ihnen das nicht zu – ich hingegen schaffe das".

Etwas anderes ist es, wenn Sie ein Kollege – um seiner Verantwortung gerecht zu werden – um eine Unterstützung bittet, die er selbst nicht eigenständig leisten kann. Jetzt können Sie entscheiden, ob Sie eine angemessene Unterstützung gewähren können und wollen.

PARTNER FÜR ENTLASTUNG FINDEN

Viele Schulleiter klagen über die Einsamkeit in ihrer Rolle. „Ich kann doch gegenüber den Kollegen in meiner Schule keine Schwäche zeigen!", „Mit meinem Partner/meiner Partnerin kann ich nicht über meine Situation reden. Er will das nicht mehr hören – und außerdem versteht er das nicht!" Manchmal ist einfach alles zu viel … Da wäre es schon eine Entlastung, einem anderen alles erzählen zu können, alles rauszulassen. – Haben Sie so jemanden?

Beziehungen zu anderen Schulleitern aufbauen

❯ Tipp 92

Sorgen Sie für sich und bauen Sie Beziehungen zu anderen Schulleitern auf, mit denen Sie sich austauschen können, oder zu einem Coach, der Ihnen zuhört und vielleicht (wenn Sie das wünschen) ein Feedback gibt (Tipp 92).

Gleich mal ausprobieren

Gehen Sie in Fortbildungen, die eher personenzentriert arbeiten. Hier treffen Sie mit Kollegen zusammen und bauen ein erstes Vertrauensverhältnis auf. Da ist sicher jemand dabei, zu dem Sie sich einen intensiveren Kontakt vorstellen könnten. Auch eine kleine Gruppe aus drei, vier Personen, die sich regelmäßig trifft, kann eine große Hilfe sein.

> Vielleicht ist der Coach/Trainer ein geeigneter Zuhörer für Sie. Möglicherweise können Sie auch wieder einen Kollegen aus der gemeinsamen Ausbildungszeit auftun, der jetzt in derselben Rolle ist wie Sie und zu dem Sie noch ein gutes Verhältnis haben.

91

Arbeit mit Menschen ist auch mit Enttäuschungen verbunden: mit Enttäuschungen über sich selbst wie auch über den/die anderen. Das ist ganz normal und zunächst kein wirkliches Problem. Ein Problem entsteht erst, wenn Sie diese Enttäuschungen bei sich behalten, sie aufstauen. Versuchen Sie deshalb, Ihrer Enttäuschung zeitnah zum Ereignis, das sie versursacht, Ausdruck zu verleihen. „Ich möchte Ihnen jetzt sagen, welches Gefühl/Empfinden ich habe: Ich bin sehr enttäuscht darüber, dass …"

Enttäuschungen aussprechen

Das ändert zwar nichts an der Sache, dient aber Ihrer eigenen Hygiene, der Klarheit in der Beziehung und bewirkt vielleicht etwas beim anderen.

Achtung!

> Auch Enttäuschung über kollektives Verhalten oder die Wirkung solchen Verhaltens im Kollegium können Sie tendenziell so ausdrücken – vielleicht etwas zurückhaltender, da meist Kollegen zugegen sind, die wenig oder gar nichts zum Grund Ihrer Enttäuschung beigetragen haben (z.B. „dass wir es nicht geschafft haben, alle beim Sommerfest dabei zu haben").

Ob es nun ein bestimmter Vorfall ist, der Sie frustriert, oder ob „die Umstände an sich" Grund Ihrer Enttäuschung sind – neben dem guten Freund oder dem Coach (Tipp 90) kann auch eine Tätigkeit bzw. ein bestimmter Ort Ihnen Entlastung verschaffen. Das kann die abendliche Heimfahrt im Auto sein (da sind Sie „unter sich") oder vielleicht ein Platz

❯ Tipp 90
Sich Entlastung schaffen

in Ihrer Wohnung/im Garten ... Manche Schulleiter erreichen Entlastung durch Laufen, Boxen, Fitnesstraining, Meditation und Reflexion oder durch ein anderes Hobby.

Gleich mal ausprobieren

Suchen Sie sich Gelegenheiten, die es Ihnen erlauben, Ihre Frustration herauszulassen. Ihre Sekretärin oder der Nächste, der Ihnen über den Weg läuft, sind jedenfalls nicht die geeigneten Gelegenheiten!

UNTERSTÜTZUNG VON AUSSEN HOLEN

92

„Externe Berater brauche ich nicht, die wissen doch gar nicht, was bei mir in der Schule los ist. Das bekomme ich schon alles selbst hin – außerdem ist das ein Zeichen von Schwäche, wenn ich zeige, dass ich Unterstützung brauche!" Das war lange das Selbstverständnis vieler Schulleiter. Und nur langsam setzt sich eine Erkenntnis durch, die in der Wirtschaft, den Gewerkschaften, den Kirchen und in der Politik schon lange als professionelle Arbeitsweise beschrieben und praktiziert wird: Je verantwortungsvoller die Funktion ist, die jemand bekleidet, umso mehr ist es ein Ausdruck von Verantwortungsbewusstsein und Professionalität, wenn sich derjenige von Experten beraten und unterstützen lässt. Hingegen wird Beratungsresistenz als ein deutlicher Hinweis dafür gewertet, die Führungseignung desjenigen zu hinterfragen.

Sich Beratung zu holen ist professionell

Sie als Schulleiter haben einen der verantwortungsvollsten Jobs: Ihnen ist die Zukunft vieler junger Menschen und damit dieses Landes anvertraut – gehen Sie damit deshalb gewissenhaft um! Dazu gehört, dass Sie immer wieder von außen auf Ihr System und sich selbst schauen lassen. Auch wenn die Erkenntnisse daraus vielleicht zunächst schmerzhaft sind. Außerdem kann es Ihnen Entlastung geben: Sie erhalten Bestätigung und Sie können deutlich machen: Ich nehme meine Verantwortung wahr.

Von außen auf sich selbst schauen

Achtung!

Selbst als überzeugter Teamworker haben Sie als Schulleiter einsame Momente: Ein ernster Konflikt im Leitungsteam, ein Schicksalsschlag im Kollegium, der Ihnen unter
dem Siegel der Verschwiegenheit anvertraut wird, eine
anonyme Attacke auf Ihre Person ... Sorgen Sie frühzeitig
dafür, dass Sie mindestens eine Person Ihres Vertrauens
außerhalb der Schule haben, die Sie professionell unterstützt, selbst wenn das private Kosten verursacht. Ihre Fa-
milie/Partnerschaft kann nicht alles auffangen.

Es gibt viele Möglichkeiten, um an professionelle Berater zu
kommen. Erkundigen Sie sich danach, welche für Sie am
besten passt. Die Landesschulämter vermitteln eine Vielzahl
von eigenen und externen Trainern und Coaches, zum Teil
kostenlos, zum anderen Teil zu Sonderkonditionen. Es beraten Schulleiter und Schulräte nach der Pensionierung als
Senior Experts Schulen oder freiberufliche Coaches bei der
Schulentwicklung oder Schulleitungsteams bei der Bewäl-
tigung der Alltagssorgen. Scheuen Sie sich auch nicht, sich
einen persönlichen, gut ausgebildeten Coach zu nehmen –
selbst wenn es Sie im Jahr einige Hundert Euro kostet (und
Ihre Werbungskosten erhöht). Sie tun damit etwas für sich
und Ihre Balance. Um die Kosten dafür im Rahmen zu halten, können sich mehrere Schulleiter einen Berater teilen
oder man wendet sich an Sponsoren wie Stiftungen, Wirt-
schaftsverbände oder große (überregionale) Unternehmen.

Um die Ecke gedacht

Dieses Von-außen-drauf-Schauen gilt auch für Sie selbst
und Ihr Handeln. Holen Sie sich zu wichtigen Vorhaben die
Berater und Fachleute in die Schule, die Sie brauchen. Sie
sollen als erstklassiger Schulleiter agieren – und eben
nicht als zweit- oder drittklassiger Trainer, Kommunikati-
onsexperte, Mediator, Changemanager, Coach, erst recht
nicht als Therapeut (ein bisschen von jedem sollten Sie
allerdings schon sein).

93

Erfahrungen austauschen

❯ Tipp 42

❯ Tipp 92

Schulen müssen über den Tellerrand schauen, um sich weiterzuentwickeln. Für einen Schulleiter ist es in diesem Zusammenhang besonders wichtig, erfahrene Gesprächspartner zu haben, die ebenfalls in der Praxis stehen und bereit sind, ihre eigene Arbeit selbstkritisch zu reflektieren.

Inzwischen gibt es zahlreiche Angebote, in Netzwerken Erfahrungen auszutauschen und die eigene Schule voranzubringen. Diese sind allerdings meist zeitlich befristet (z.B. wenn sie von Stiftungen finanziert werden), thematisch orientiert und mit Personen unterschiedlicher Verantwortung besetzt. Solche Netzwerke haben zweifellos eine große Bedeutung für die Entwicklung einer Schule (Tipp 42).

Was Sie aber außerdem brauchen, ist ein Netzwerk von Schulleitern (bzw. Schulleitungsmitgliedern), die schnell erreichbar und bereit sind, kontinuierlich mit Ihnen zu arbeiten. Es gibt Fragen, die Sie nicht im eigenen Kollegium diskutieren können, weil Sie damit immer bereits Tatsachen schaffen.

Schulleiternetzwerke können auch einen Gegenpol setzen zu Pflichtveranstaltungen, wie sie leider immer noch von manchen Schulaufsichtsbeamten „angeboten" werden. Immer mehr Schulräte unterstützen bereits die Bildung von Schulleiternetzwerken.

Um die Ecke gedacht

Wenn Sie selbst initiativ beim Aufbau eines Netzwerkes werden, bedenken Sie vorher, dass es notwendig ist, aus möglichen Konkurrenten (um die gleiche Schülerklientel) Partner zu machen. Ebenso ist es erforderlich, Vertrauen dafür zu entwickeln, dass die erwünschte Offenheit von der notwendigen Verschwiegenheit begleitet wird. Solche Fragen sollten schon zu Beginn der Initiative aufgeworfen und gemeinsam gelöst werden. Da hilft meist ein Coach, der auch von der Schulaufsicht finanziert werden könnte (Tipp 92).

94

Den eigenen Ruhestand vorbereiten – das erscheint Ihnen vermutlich abwegig, solange Sie noch voll im Geschäft stehen. Bedenken Sie aber, dass eine Verdrängung des Gedankens auch Auswirkungen auf das System haben kann. Sie werden möglicherweise, je näher der Termin des Ausscheidens rückt, immer mehr am Amt festhalten wollen. Die Klarheit darüber, dass der Ruhestand Ihr Leben völlig verändert, erscheint nicht unbedingt attraktiv. Oder aber Sie lassen nach, weil viele Dinge ohnehin zum letzten Mal gemacht werden oder Sie auch in dem einen oder anderen Fall resigniert haben. Eventuell bauen sich potenzielle Nachfolger auf oder das Kollegium beginnt, über die Zeit nach Ihnen zu reden.

Ihr Leben verändert sich völlig

Gleich mal ausprobieren

Notieren Sie, was sich durch den Ruhestand bei Ihnen verändern wird, z. B. unter den folgenden Aspekten:
- Art und Anzahl der sozialen Alltagskontakte
- Rhythmisierung des Tages
- gebraucht werden von/für
- Einkommen
- Ernährung und Bewegung
- gesellschaftliche Anerkennung

Machen Sie Ihrer Umgebung deutlich, dass Sie über Ihren Ruhestand nachdenken, und fragen Sie, was das für die anderen bedeutet. Je offener Sie mit dem Thema umgehen, desto mehr können Sie auch in diesem Thema gestalten – für sich selbst und für das System.

Offen mit dem Thema umgehen

Achtung!

Beginnen Sie frühzeitig, Ihr „Leben danach" zu planen. Wenn Sie einige der jetzigen sozialen und beruflichen Kontakte auch später noch pflegen wollen, müssen Sie dies vor Ihrem Ausscheiden aus dem Dienst organisieren.

Den Übergang vorbereiten

95

Gefüge der
Zusammenarbeit

Eine Schule ist immer so funktionsfähig wie das Zusammenwirken aller Beteiligten. Wenn die Kompetenz der Einzelnen nur unter einer eingespielten Führung zum Tragen kommt, dann bedeutet ein Neubeginn nach einem Schulleiterwechsel häufig zuerst auch einen massiven Einbruch. Je mehr Mitarbeiter ihre Kompetenz in ein Gefüge der Zusammenarbeit einbringen, desto nahtloser kann der Übergang vollzogen werden. Die Stabilität des Gefüges der zweiten Reihe, deren Fähigkeit und Bereitschaft, Verantwortung zu übernehmen, sowie verlässliche Kommunikationsstrukturen werden das Funktionieren, aber auch die Weiterentwicklung Ihrer Schule gewährleisten.

In den letzten drei Jahren vor Ihrem Ausscheiden sollten Sie keine Initiative mehr voranbringen, die nur von Ihnen und einer kleinen Minderheit getragen wird. Abgesehen davon fördern Sie natürlich weiterhin sinnvolle Initiativen aus dem Kollegium.

Über die Nachfolge sprechen

96

In Ihrem Leitungsteam wird es vermutlich noch am leichtesten sein, über die Nachfolge zu sprechen. Bringen Sie das Thema selbst zwei bis drei Jahre vor Ihrem Ausscheiden auf die Agenda und entwickeln Sie eine gemeinsame Strategie für Ihre „letzte Zeit" und danach.

Sie haben das Recht, deutlich zu machen, wen Sie sich als Nachfolger vorstellen, aber Sie müssen dies auch erläutern und respektieren, dass die anderen Schulleitungsmitglieder das anders sehen, insbesondere wenn sie unter dem Nachfolger noch einige Jahre arbeiten werden. Das könnte zur Stunde der Wahrheit werden, denn es geht in solchen Diskussionen auch darum, ob Ihre Schulleitungsmitglieder sich Kontinuität oder eher einen Bruch mit dem bisher von Ihnen gepflegten Führungsstil wünschen.

Wichtig ist, mit der Schulaufsicht zu klären, welchen Einfluss Sie im Auswahlprozess haben, und miteinander die Strategie für ein Bewerbungsverfahren zu entwerfen.

Bewerbungsverfahren für Schulleiter sind in den Bundesländern unterschiedlich geregelt. Halten Sie sich auf dem Laufenden, welche Voraussetzungen bei Ihnen erfüllt sein müssen, und sorgen Sie dafür, dass das Schulleitungsteam davon Kenntnis hat.

Bewerbungsverfahren für Schulleiter

Achtung!

Es geht vermutlich schneller als Sie denken, dass sich in der Diskussion über einen neuen Schulleiter der Stammtisch zu Wort meldet. Natürlich waren nicht alle mit Ihnen zufrieden und jetzt besteht evtl. die Möglichkeit, bei der Nachfolge den Kurs zu revidieren. Ihr Talent wird darin bestehen, die Balance zwischen Beeinflussen und Loslassen zu wahren, wobei die Tendenz in Ihrem eigenen Interesse eher in Richtung Loslassen gehen sollte (Tipp 86).

❯ Tipp 86

NACHFOLGER AUFBAUEN

97

Es ist ein heikles Geschäft, seinen eigenen Nachfolger auszuwählen und aufzubauen. Es ist zudem gewagt, manchmal sogar nicht einmal erlaubt, Hausbewerber für das Amt vorzusehen. Was Sie aber unbedingt tun sollten, ist dafür zu sorgen, dass es für gute Führungskräfte reizvoll ist, Ihre Nachfolge anzutreten, und dass sich dies herumspricht. Außerdem sollten Sie sich darum kümmern, dass die Schulaufsicht sich frühzeitig mit der Besetzung des Amtes auseinandersetzt, sodass es einen möglichst reibungslosen Übergang gibt.

Sollten Sie eine Person gefunden haben, die Sie für Ihre Nachfolge als geeignet erachten, so teilen Sie ihr das in einem Vieraugengespräch mit. Möglicherweise werden Sie ja auch von einem potenziellen Bewerber angesprochen. Erläutern Sie, was alles erforderlich ist, um sich um das Amt zu bewerben, und auch was Sie für notwendig halten, um es angemessen ausfüllen zu können. Das kann ein Schulmanagementstudium, eine spezifische Zertifizierung oder eine Reihe von Fortbildungen und Weiterentwicklungen sein. Dies ist in der Regel eine enorme Erleichterung beim Amtsantritt, danach ist dafür zunächst mal keine Zeit.

Achtung!

Machen Sie einem potenziellen Bewerber klar, dass nur ganz oder gar nicht geht; wer sich ernsthaft mit dem Amt des Schulleiters als Berufsperspektive auseinandersetzt, wird auch nach einer erfolglosen Bewerbung weitersuchen – dann eben an einer anderen Schule.

Um die Ecke gedacht

Wenn Sie nach Führungskräften und Nachfolgern Ausschau halten, tun Sie auf jeden Fall etwas für die Personalentwicklung. Solange sich Menschen in Ihrer Schule auf ein höheres Amt vorbereiten, dienen sie der Schule in besonderer Weise.

Sobald die Entscheidung der Schulaufsicht für einen Nachfolger getroffen ist, bieten Sie diesem das Gespräch an ❯ Tipp 2 (Tipp 2). Wenn er es annimmt, informieren Sie ihn sachlich über alle wichtigen Bereiche. Bieten Sie ihm die Hilfe an, die Sie damals, als Sie in dieser Situation waren, erwartet und (nicht) bekommen haben.

DISTANZ UND LOYALITÄT WAHREN

98

Klären Sie bereits vor Ihrem Ausscheiden, dass Sie mit dem Tag Ihres Abschieds keinerlei Einfluss mehr auf die inneren Angelegenheiten der Schule nehmen werden. Das ist nicht nur fair gegenüber dem Nachfolger, sondern auch notwendig für das gesamte System. Machen Sie nicht das Angebot von Beratung oder Repräsentation nach dessen Amtsantritt. Der „Neue" muss sein Terrain zuerst einmal abstecken, und da ist die Anwesenheit des „Alten" eher störend – es sei denn, Ihr Nachfolger bittet Sie darum. Und selbst dann sollten Sie sehr zurückhaltend sein: Sie sind nicht mehr der Schulleiter – auch wenn es wehtut.

Sich zurückhalten

Sie können Ihrem Nachfolger anbieten, dass er Sie auch nach der Übergabe ansprechen kann – mehr nicht. Die Entscheidungen trifft er! Und wenn er Sie treffen will, schlagen Sie als Ort neutrales Terrain vor – zu Beginn wird es noch schwierig sein, das „eigene" Büro nicht mehr als solches wahrzunehmen. Auch Begegnungen mit ehemaligen Kollegen können in einem solchen Kontext irritierend sein.

Achtung!

Widerstehen Sie der Versuchung, zu den üblichen Veranstaltungen der Schule (Konzerte, Feste) zu erscheinen, ohne eingeladen zu sein. Die Einladung sollte ausdrücklich von Ihrem Nachfolger ausgesprochen worden sein.

Ihre Loyalität gilt auch nach dem Ausscheiden weiterhin Ihrer Schule. Das, was Sie in den vergangenen Jahren getan haben, war das für Sie und das Kollegium Mögliche.

Kommentieren Sie beabsichtigte Veränderungen nur, wenn Sie vom Nachfolger darum gebeten werden. Es ist zweifellos schwierig, einen anderen Stil und auch mögliche Anfängerfehler auszuhalten. Hier sollten Sie auf die von Ihnen mitentwickelte Kraft des Systems vertrauen. Das fällt Ihnen umso leichter, je mehr Abstand Sie zu Ihrer Schule halten, die nun nicht mehr „Ihre Schule" ist.

99

Jedem Anfang wohnt ein Zauber inne ...

Viele Jahre haben Sie als Schulleiter erfolgreich Ihre Schule geleitet, Höhen und Tiefen erlebt und gemeistert. In mancher Krise waren Sie der Fels in der Brandung, gaben Orientierung, beruhigten die Gemüter und zeigten Zuversicht. Sie haben mit den Kollegen kreativ neue Wege erarbeitet, die Schule hat unter Ihrer Leitung ihren guten Ruf gefestigt. Nun ist es an der Zeit, sich auch von diesem Arbeitsplatz zu verabschieden. Das fällt besonders schwer, wenn Sie als Schulleiter anerkannt und beliebt waren, wenn Sie von den Kollegen geschätzt und oft um Rat gefragt wurden. Genießen Sie diese letzte Zeit, sodass sie Ihnen lange in Erinnerung bleibt. Nehmen Sie sehr bewusst Abschied (Tipp 1).

❯ Tipp 1
Das letzte Mal

Das letzte Mal ...

- ... gehen Sie ganz in Gedanken durch die Schule und erinnern sich an bauliche Veränderungen, die Sie miterlebt haben;
- ... leiten Sie eine Sitzung des Schulleitungsteams, das nun auch wirklich ein Team ist;
- ... leiten Sie eine Gesamtkonferenz und bringen Ihre Anliegen zum Abschluss;
- ... öffnen Sie die Postmappe, allerdings mit der für Sie neuen Entscheidung „das mache ich noch" versus „das kann besser mein Nachfolger machen".

Wie Sie die Abschiedsfeier gestalten, ist allein Ihre Entscheidung. Sie muss Ihnen gefallen, auf Sie zugeschnitten sein und sollte lange nachwirken. Es gibt keine Vorschriften und Sie bestimmen, wer wie lange reden darf!

Um die Ecke gedacht

Vielleicht erinnern Sie sich noch an so manche Schulleiter-Verabschiedung mit einer Unzahl von Reden, langen Reden. Wie saßen Sie da? Schweiften Ihre Gedanken ab, machten Sie sich auf dem Programm heimlich Notizen zu Ihren Aufgaben und waren froh, als nach mehreren

Stunden endlich Schluss war? Haben Sie sogar manches Mal aus Zeitgründen dann auf das Buffet verzichtet? Und eine Gelegenheit zu informellen Gesprächen nicht genutzt?

Wir möchten Sie ausdrücklich ermuntern, nach einer alternativen Gestaltung zu suchen, das wird auch Ihren Gästen am ehesten in guter Erinnerung – auch an Sie als erfolgreicher Schulleiter – bleiben. Wie auch immer Sie Ihren Abschied gestalten – es sollte auf jeden Fall einer sein. Das brauchen auch die Kollegen, damit sie mit der einen Phase abschließen und sich der neuen gegenüber öffnen können. Ist die Feier vorüber, haben Sie die letzten Arbeiten erledigt, Ihrem Nachfolger die Amtsgeschäfte übergeben, sich von den Mitarbeitern verabschiedet, dann bleibt nur noch der letzte Gang zum Hausmeister, um ihm die Schlüssel abzugeben. Dieser letzte Gang hat eine hohe Symbolkraft, denn nun sind Sie endgültig raus, nichts ist mehr zu korrigieren oder zu erledigen. Ihre Erfahrung wird weiter gebraucht – vielleicht an anderer Stelle!

Den Abschied gestalten

LITERATURHINWEISE

Bücher, die uns beeinflussten und damit etwas bedeuteten:
BLANCHARD, KEN/BOWLES, SHELDON: Gung Ho!, 8. Aufl., Reinbek 2012
DE BONO, Edward: Die neue Denkschule, 3. Aufl., mvg, München 2010
BUDE, HEINZ: Bildungspanik (Was unsere Gesellschaft spaltet), 1. Aufl., München 2012
BUHREN, CLAUS G./ROLFF, HANS-GÜNTER: Handbuch der Schulentwicklung und Schulentwicklungsberatung, 1. Aufl., Weinheim und Basel 2012
DUBS, ROLF: Die Führung einer Schule, 1. Aufl., Stuttgart 1994
LIKET, THEO M.: Freiheit und Verantwortung (NL), 1. Aufl., Gütersloh 1993
OWEN, HARRISON: The Spirit of Leadership (Führen heißt Freiräume schaffen), 2. Aufl., Heidelberg 2008
SCHRATZ, MICHAEL/SCHWARZ, JOHANNA F./WESTFALL-GREITER, TANJA: Lernen als bildende Erfahrung, 1. Aufl., Innsbruck, Wien, Bozen 2012
SEIWERT, LOTHAR: Das neue 1x1 des Zeitmanagement, 1. Aufl., Offenbach 1995
SENGE, PETER M.: Die fünfte Disziplin, 1. Aufl., Stuttgart 2008

REGISTER

(Die Verweise beziehen sich auf die jeweiligen Tipp-Nummern.)